Gedichte

mit Kunstwerken ihrer Zeit

Gedichte

mit kunstwerken ihrer zeit

Johann Wolfgang von Goethe
Friedrich von Schiller
Heinrich Heine
Rainer Maria Rilke

PRESTEL

München · London · New York

johann wolfgang von goethe

Wie herrlich leuchtet mir die Natur!

MAIFEST

Wie herrlich leuchtet
Mir die Natur!
Wie glänzt die Sonne!
Wie lacht die Flur!

Es dringen Blüten
Aus jedem Zweig
Und tausend Stimmen
Aus dem Gesträuch

Und Freud und Wonne
Aus jeder Brust.
O Erd', o Sonne,
O Glück, o Lust,

O Lieb', o Liebe,
So golden schön
Wie Morgenwolken
Auf jenen Höhn,

Du segnest herrlich
Das frische Feld,
Im Blütendampfe
Die volle Welt!

O Mädchen, Mädchen,
Wie lieb' ich dich!
Wie blinkt dein Auge,
Wie liebst du mich!

So liebt die Lerche
Gesang und Luft,
Und Morgenblumen
Den Himmelsduft,

Wie ich dich liebe
Mit warmen Blut,
Die du mir Jugend
Und Freud' und Mut

Zu neuen Liedern
Und Tänzen gibst.
Sei ewig glücklich,
Wie du mich liebst.

AN KENNER UND LIEBHABER

Was frommt die glühende Natur
An deinem Busen dir,
Was hilft dich das Gebildete
Der Kunst rings um dich her,
Wenn liebevolle Schöpferkraft
Nicht deine Seele füllt
Und in den Fingerspitzen dir
Nicht wieder bildend wird.

PARABASE

Freudig war, vor vielen Jahren,
Eifrig so der Geist bestrebt,
Zu erforschen, zu erfahren,
Wie Natur im Schaffen lebt.
Und es ist das ewig Eine,
Das sich vielfach offenbart;
Klein das Große, groß das Kleine,
Alles nach der eignen Art.
Immer wechselnd, fest sich haltend;
Nah und fern und fern und nah;
So gestaltend, umgestaltend —
Zum Erstaunen bin ich da.

ALLERDINGS

DEM PHYSIKER
»Ins Innre der Natur — «
O du Philister! —
»Dringt kein erschaffner Geist.«
Mich und Geschwister
Mögt ihr an solches Wort
Nur nicht erinnern:
Wir denken: Ort für Ort
Sind wir im Innern.
»Glückselig! wem sie nur
Die äußre Schale weist!«
Das hör' ich sechzig Jahre wiederholen,
Ich fluche drauf, aber verstohlen;
Sage mir tausend tausendmale:
Alles gibt sie reichlich und gern;
Natur hat weder Kern
Noch Schale,
Alles ist sie mit einem Male;
Dich prüfe du nur allermeist,
Ob du Kern oder Schale seist.

NATUR UND VERNUNFT

Wärt ihr, Schwärmer, imstande, die Ideale zu fassen,
O, so verehrtet ihr auch, wie sich's gebührt, die Natur.

KÜNSTLERS ABENDLIED

Ach, daß die innre Schöpfungskraft
Durch meinen Sinn erschölle!
Daß eine Bildung voller Saft
Aus meinen Fingern quölle!

Ich zittre nur, ich stottre nur,
Und kann es doch nicht lassen;
Ich fühl', ich kenne dich, Natur,
Und so muß ich dich fassen.

Bedenk' ich dann, wie manches Jahr
Sich schon mein Sinn erschließet,
Wie er, wo dürre Heide war,
Nun Freudenquell genießet;

Wie sehn' ich mich, Natur nach dir,
Dich treu und lieb zu fühlen!
Ein lust'ger Springbrunn, wirst du mir
Aus tausend Röhren spielen.

Wirst alle meine Kräfte mir
In meinem Sinn erheitern,
Und dieses enge Dasein mir
Zur Ewigkeit erweitern.

Des Menschen Seele gleicht dem Wasser

MEERESSTILLE

Tiefe Stille herrscht im Wasser,
Ohne Regung ruht das Meer,
Und bekümmert sieht der Schiffer
Glatte Fläche rings umher.
Keine Luft von keiner Seite!
Todesstille fürchterlich!
In der ungeheuern Weite
Reget keine Welle sich.

GESANG DER GEISTER ÜBER DEN WASSERN

Des Menschen Seele
Gleicht dem Wasser:
Vom Himmel kommt es,
Zum Himmel steigt es,
Und wieder nieder
Zur Erde muß es,
Ewig wechselnd.

Strömt von der hohen,
Steilen Felswand
Der reine Strahl,
Dann stäubt er lieblich
In Wolkenwellen
Zum glatten Fels,
Und leicht empfangen
Wallt er verschleiernd,
Leisrauschend
Zur Tiefe nieder.

Ragen Klippen
Dem Sturz entgegen,
Schäumt er unmutig
Stufenweise
Zum Abgrund.

Im flachen Bette
Schleicht er das Wiesental hin,
Und in dem glatten See
Weiden ihr Antlitz
Alle Gestirne.

Wind ist der Welle
Lieblicher Buhler;
Wind mischt vom Grund aus
Schäumende Wogen.

Seele des Menschen,
Wie gleichst du dem Wasser!
Schicksal des Menschen,
Wie gleichst du dem Wind!

GLÜCKLICHE FAHRT

Die Nebel zerreißen
Der Himmel ist helle,
Und Äolus löset
Das ängstliche Band.
Es säuseln die Winde,
Es rührt sich der Schiffer.
Geschwinde! Geschwinde!
Es teilt sich die Welle,
Es naht sich die Ferne;
Schon seh' ich das Land!

MÄCHTIGES ÜBERRASCHEN

Ein Strom entrauscht umwölktem Felsensaale,
Dem Ozean sich eilig zu verbinden;
Was auch sich spiegeln mag von Grund zu Gründen,
Er wandelt unaufhaltsam fort zu Tale.

Dämonisch aber stürzt mit einem Male —
Ihr folgen Berg und Wald in Wirbelwinden —
Sich Oreas, Behagen dort zu finden,
Und hemmt den Lauf, begrenzt die weite Schale.

Die Welle sprüht und staunt zurück und weichet
Und schwillt bergan, sich immer selbst zu trinken;
Gehemmt ist nun zum Vater hin das Streben.

Sie schwankt und ruht, zum See zurückgedeichet;
Gestirne, spiegelnd sich, beschaun das Blinken
Des Wellenschlags am Fels, ein neues Leben.

NÄHE DES GELIEBTEN

Ich denke dein, wenn mir der Sonne Schimmer
Vom Meere strahlt;
Ich denke dein, wenn sich des Mondes Flimmer
In Quellen malt.

Ich sehe dich, wenn auf dem fernen Wege
Der Staub sich hebt;
In tiefer Nacht, wenn auf dem schmalen Stege
Der Wandrer bebt.

Ich höre dich, wenn dort mit dumpfem Rauschen
Die Welle steigt.
Im stillen Haine geh' ich oft zu lauschen,
Wenn alles schweigt.

Ich bin bei dir, du seist auch noch so ferne,
Du bist mir nah!
Die Sonne sinkt, bald leuchten mir die Sterne.
O wärst du da!

Durch *Feld* und *Wald zu schweifen*

DER MUSENSOHN

Durch Feld und Wald zu schweifen,
Mein Liedchen wegzupfeifen,
So geht's von Ort zu Ort!
Und nach dem Takte reget,
Und nach dem Maß beweget
Sich alles an mir fort.

Ich kann sie kaum erwarten,
Die erste Blum' im Garten,
Die erste Blüt' am Baum.
Sie grüßen meine Lieder,
und kommt der Winter wieder,
Sing' ich noch jenen Traum.

Ich sing' ihn in der Weite,
Auf Eises Läng' und Breite,
Da blüht der Winter schön!
Auch diese Blüte schwindet,
Und neue Freude findet
Sich auf bebauten Höhn.

Denn wie ich bei der Linde
Das junge Völkchen finde,
Sogleich erreg' ich sie.
Der stumpfe Bursche bläht sich,
Das steife Mädchen dreht sich
Nach meiner Melodie.

Ihr gebt den Sohlen Flügel,
Und treibt, durch Tal und Hügel
Den Liebling weit von Haus.
Ihr lieben holden Musen,
Wann ruh' ich ihr am Busen
Auch endlich wieder aus?

EIN GLEICHES

Über allen Gipfeln
Ist Ruh,
In allen Wipfeln
Spürest du
Kaum einen Hauch;
Die Vöglein schweigen im Walde.
Warte nur, balde
Ruhest du auch.

GINKGO BILOBA

Dieses Baums Blatt, der von Osten
Meinem Garten anvertraut,
Gibt geheimen Sinn zu kosten,
Wie's den Wissenden erbaut.

Ist es ein lebendig Wesen?
Das sich in sich selbst getrennt?
Sind es zwei, die sich erlesen,
Daß man sie als eines kennt?

Solche Frage zu erwidern,
Fand ich wohl den rechten Sinn.
Fühlst du nicht an meinen Liedern,
Daß ich eins und doppelt bin?

ODEN AN MEINEN FREUND

Erste Ode

Verpflanze den schönen Baum,
Gärtner, er jammert mich.
Glücklicheres Erdreich
Verdiente der Stamm.

Noch hat seiner Natur Kraft
Der Erde aussaugendem Geize,
Der Luft verderbender Fäulnis,
Ein Gegengift, widerstanden.

Sieh, wie er im Frühling
Lichtgrüne Blätter schlägt!
Ihr Orangenduft
Ist dem Geschmeiße Gift.

Der Raupen tückischer Zahn
Wird stumpf an ihnen,
Es blinkt ihr Silberglanz
Im Sonnenscheine.

Von seinen Zweigen
Wünscht das Mädchen
Im Brautkranze;
Früchte hoffen Jünglinge.

Aber sieh, der Herbst kömmt:
Da geht die Raupe,
Klagt der listigen Spinne
Des Baums Unverwelklichkeit.

Schwebend zieht sich
Von ihrer Taxuswohnung
Die Prachtfeindin herüber
Zum wohltätigen Baum

Und kann nicht schaden;
Aber die Vielkünstliche
Überzieht mit grauem Ekel
Die Silberblätter,

Sieht triumphierend,
Wie das Mädchen schaurend,
Der Jüngling jammernd
Vorübergeht.

Verpflanze den schönen Baum,
Gärtner, er jammert mich.
Baum, danke dem Gärtner,
Der dich verpflanzt!

SAG' ICH'S EUCH, GELIEBTE BÄUME

Sag' ich's euch, geliebte Bäume,
Die ich ahndevoll gepflanzt,
Als die wunderbarsten Träume
Morgenrötlich mich umtanzt?
Ach ihr wißt es, wie ich liebe,
Die so schön mich wiederliebt,
Die den reinsten meiner Triebe
Mir noch reiner wiedergibt.

Wachset wie aus meinem Herzen,
Treibet in die Luft hinein;
Denn ich grub viel Freud und
Schmerzen
Unter eure Wurzeln ein.
Bringet Schatten, traget Früchte,
Neue Freude jeden Tag:
Nur daß ich sie dichte, dichte,
Dicht bei ihr genießen mag!

BLUMENGRUSS

Der Strauß, den ich gepflücket,
Grüße dich viel tausendmal!
Ich habe mich oft gebücket,
Ach wohl ein tausendmal,
Und ihn ans Herz gedrücket
Wie hunderttausendmal!

GEFUNDEN

Ich ging im Walde
So für mich hin,
Und nichts zu suchen,
Das war mein Sinn.

Im Schatten sah ich
Ein Blümchen stehn,
Wie Sterne leuchtend,
Wie Äuglein schön.

Ich wollt es brechen,
Da sagt' es fein:
Soll ich zum Welken
Gebrochen sein?

Ich grub's mit allen
Den Würzlein aus,
Zum Garten trug ich's
Am hübschen Haus.

Und pflanzt' es wieder
Am stillen Ort;
Nun zweigt es immer
Und blüht so fort.

GLEICH UND GLEICH

Ein Blumenglöckchen
Vom Boden hervor
War früh gesprosset
In lieblichem Flor;
Da kam ein Bienchen
Und naschte fein —
Die müssen wohl beide
Für einander sein.

NUN WEISS MAN ERST, WAS ROSENKNOSPE SEI

Nun weiß man erst, was Rosenknospe sei,
Jetzt, da die Rosenzeit vorbei;
Ein Spätling noch am Stocke glänzt
Und ganz allein die Blumenwelt ergänzt.

Als Allerschönste bist du anerkannt,
Bist Königin des Blumenreichs genannt;
Unwidersprechlich allgemeines Zeugnis,
Streitsucht verbannend, wundersam Ereignis!
Du bist es also, bist kein bloßer Schein,
In dir trifft Schaun und Glauben überein;
Doch Forschung strebt und ringt, ermüdend nie,
Nach dem Gesetz, dem Grund Warum und Wie.

Jüngst pflückt ich einen Wiesenstrauß

Frühling über's Jahr

Das Beet schon lockert
Sich's in die Höh',
Da wanken Glöckchen
So weiß wie Schnee;
Safran entfaltet
Gewalt'ge Glut,
Smaragden keimt es
Und keimt wie Blut.
Primeln stolzieren
So naseweis,
Schalkhafte Veilchen
Versteckt mit Fleiß;
Was auch noch alles
Da regt und webt,
Genug, der Frühling
Er wirkt und lebt.

Doch was im Garten
Am reichsten blüht,
Das ist des Liebchens
Lieblich Gemüt.
Da glühen Blicke
Mir immerfort,
Erregend Liedchen,
Erheiternd Wort.
Ein immer offen,
Ein Blütenherz,
Im Ernste freundlich
Und rein im Scherz.
Wenn Ros' und Lilie
Der Sommer bringt,
Er doch vergebens
Mit Liebchen ringt.

Ein Gleichnis

Jüngst pflückt ich einen Wiesenstrauß,
Trug ihn gedankenvoll nach Haus,
Da hatten von der warmen Hand
Die Kronen sich alle zur Erde gewandt.
Ich setzte sie in frisches Glas
Und welch ein Wunder war mir das!
Die Köpfchen hoben sich empor,
Die Blätterstengel im grünen Flor,
Und allzusammen so gesund
Als stünden sie noch auf Muttergrund.

So war mir's als ich wundersam
Mein Lied in fremder Sprache vernahm.

Mit einem gemalten Band

Kleine Blumen, kleine Blätter
Streuen mir mit leichter Hand
Gute junge Frühlingsgötter
Tändelnd auf ein luftig Band.

Zephyr, nimm's auf deine Flügel,
Schling's um deiner Liebsten Kleid!
Und so tritt sie vor den Spiegel
All in ihrer Munterkeit.

Sieht mit Rosen sich umgeben,
Selbst wie eine Rose jung:
Einen Blick, geliebtes Leben!
Und ich bin belohnt genung.

Fühle, was dies Herz empfindet,
Reiche frei mir deine Hand,
Und das Band, das uns verbindet,
Sei kein schwaches Rosenband!

Da *flattert* um die *Quelle*

DIE FREUDEN

Da flattert um die Quelle
Die wechselnde Libelle,
Der Wasserpapillon,
Wie ein Chamäleon;
Bald rot und blau, bald blau und grün,
O dass ich in der Nähe
Doch seine Farben sähe!

Da fliegt der Kleine vor mir hin
Und setzt sich auf die stillen Weiden.
Da hab' ich ihn, da hab' ich ihn!
Und nun betracht' ich ihn genau
Und seh' ein traurig dunkles Blau.

So geht es dir, Zergliedrer der Freuden.

EPIRRHEMA

Müsset im Naturbetrachten
Immer eins wie alles achten;
Nichts ist drinnen, nichts ist draußen:
Denn was innen das ist außen.
So ergreifet ohne Säumnis
Heilig öffentlich Geheimnis.

Freuet euch des wahren Scheins,
Euch des ernsten Spieles:
Kein Lebendiges ist ein Eins,
Immer ist's ein Vieles.

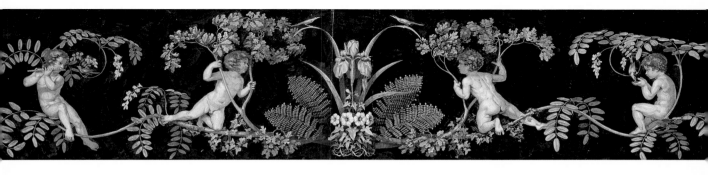

AN DIE ZIKADE

Selig bist du, liebe Kleine,
Die du auf der Bäume Zweigen,
Von geringem Trank begeistert,
Singend, wie ein König lebest!
Dir gehöret eigen alles,
Was du auf den Feldern siehest,
Alles, was die Stunden bringen;
Lebest unter Ackersleuten,
Ihre Freundin, unbeschädigt,
Du den Sterblichen verehrte,
Süßen Frühlings, süßer Bote!
Ja, dich lieben alle Musen,
Phöbus selber muß dich lieben,
Gaben dir die Silberstimme,
Dich ergreifet nie das Alter,
Weise, zarte, Dichterfreundin,
Ohne Fleisch und Blut geborne,
Leidenlose Erdentochter,
Fast den Göttern zu vergleichen.

LÄNDLICH

Die Nachtigall, sie war entfernt,
Der Frühling lockt sie wieder;
Was Neues hat sie nicht gelernt,
Singt alte liebe Lieder.

Dringe tief zu Bergesgrüften

IMMER UND ÜBERALL

Dringe tief zu Bergesgrüften,
Wolken folge hoch zu Lüften;
Muse ruft zu Bach und Tale
Tausend, abertausend Male.

Sobald ein frisches Kelchlein blüht,
Es fordert neue Lieder;
Und wenn die Zeit verrauschend flieht,
Jahreszeiten kommen wieder.

ERWÄHLTER FELS

Hier im Stillen gedachte der Liebende seiner Geliebten;
Heiter sprach er zu mir: Werde mir Zeuge, du Stein!
Doch erhebe dich nicht, du hast noch viele Gesellen;
Jedem Felsen der Flur, die mich den Glücklichen, nährt,
Jedem Baume des Walds, um den ich wandernd mich schlinge:
Denkmal bleibe des Glücks! ruf ich ihm weihend und froh.
Doch die Stimme verleih' ich nur dir, wie unter der Menge
Einen die Muse sich wählt, freundlich die Lippen ihm küßt.

AMOR ALS LANDSCHAFTSMALER

Saß ich früh auf einer Felsenspitze,
Sah mit starren Augen in den Nebel;
Wie ein grau grundiertes Tuch gespannet,
Deckt' er alles in die Breit und Höhe.

Stellt' ein Knabe sich mir an die Seite,
Sagte: »Lieber Freund, wie magst du starrend
Auf das leere Tuch gelassen schauen?
Hast du denn zum Malen und zum Bilden
Alle Lust auf ewig wohl verloren?«

Sah ich an das Kind und dachte heimlich:
Will das Bübchen doch den Meister machen!

»Willst du immer trüb und müßig bleiben«,
Sprach der Knabe, »kann nichts Kluges werden:
Sieh, ich will dir gleich ein Bildchen malen,
Dich ein hübsches Bildchen malen lehren.«

Und er richtete den Zeigefinger,
Der so rötlich war wie eine Rose,
Nach dem weiten ausgespannten Teppich,
Fing mit seinem Finger an zu zeichnen:

Oben malt' er eine schöne Sonne,
Die mir in die Augen mächtig glänzte,
Und den Saum der Wolken macht' er golden,
Ließ die Strahlen durch die Wolken dringen;
Malte dann die zarten, leichten Wipfel
Frisch erquickter Bäume, zog die Hügel,
Einen nach dem andern, frei dahinter;

Unten ließ er's nicht an Wasser fehlen,
Zeichnete den Fluß so ganz natürlich,
Daß er schien im Sonnenstrahl zu glitzern,
Daß er schien am hohen Rand zu rauschen.

Ach, da standen Blumen an dem Flusse,
Und da waren Farben auf der Wiese,
Gold und Schmelz und Purpur und ein Grünes,
Alles wie Smaragd und wie Karfunkel!
Hell und rein lasiert' er drauf den Himmel
Und die blauen Berge fern und ferner,
Daß ich, ganz entzückt und neu geboren
Bald den Maler, bald das Bild beschaute.

»Hab' ich doch«, so sagt' er, »dir bewiesen,
Daß ich dieses Handwerk gut verstehe;
Doch es ist das Schwerste noch zurücke.«

Zeichnete darnach mit spitzem Finger
Und mit großer Sorgfalt an dem Wäldchen,
Grad ans Ende, wo die Sonne kräftig
Von dem hellen Boden widerglänzte,
Zeichnete das allerliebste Mädchen,
Wohlgebildet, zierlich angekleidet,
Frische Wangen unter braunen Haaren,
Und die Wangen waren von der Farbe
Wie das Fingerchen, das sie gebildet.

O du Knabe! rief ich, welch ein Meister
Hat in seine Schule dich genommen,
Daß du so geschwind und so natürlich
Alles klug beginnst und gut vollendest?

Da ich noch so rede, sieh, da rühret
Sich ein Windchen und bewegt die Gipfel,
Kräuselt alle Wellen auf dem Flusse,
Füllt den Schleier des vollkommnen Mädchens,
Und, was mich Erstaunten mehr erstaunte,
Fängt das Mädchen an, den Fuß zu rühren,
Geht zu kommen, nähert sich dem Orte,
Wo ich mit dem losen Lehrer sitze.

Da nun alles, alles sich bewegte,
Bäume, Fluß und Blumen und der Schleier
Und der zarte Fuß der Allerschönsten;
Glaubt ihr wohl, ich sei auf meinem Felsen
Wie ein Felsen still und fest geblieben?

Zwischen oben, Zwischen unten

ATMOSPHÄRE

»Die Welt, sie ist so groß und breit,
Der Himmel auch so hehr und weit,
Ich muß das alles mit Augen fassen,
Will sich aber nicht recht denken lassen.«

Dich im Unendlichen zu finden,
Mußt unterscheiden und dann verbinden;
Drum danket mein beflügelt Lied
Dem Manne, der Wolken unterschied.

CIRRUS

Doch immer höher steigt der edle Drang!
Erlösung ist ein himmlisch leichter Zwang.
Ein Aufgehäuftes, flockig löst sich's auf,
Wie Schäflein tripplend, leicht gekämmt zu Hauf.
So fließt zuletzt, was unten leicht entstand,
Dem Vater oben still in Schoß und Hand.

KUMULUS

Und wenn darauf zu höhrer Atmosphäre
Der tüchtige Gehalt berufen wäre,
Steht Wolke hoch, zum Herrlichsten geballt,
Verkündet, festgebildet, Machtgewalt,
Und, was ihr fürchtet und auch wohl erlebt,
Wie's oben drohet, so es unten bebt.

STRATUS

Wenn von dem stillen Wasserspiegelplan
Ein Nebel hebt den flachen Teppich an,
Der Mond, dem Wallen des Erscheins vereint,
Als ein Gespenst Gespenster bildend scheint,
Dann sind wir alle, das gestehn wir nur,
Erquickt', erfreute Kinder, o Natur!

Dann hebt sich's wohl am Berge, sammelnd breit
An Streife Streifen, so umdüstert's weit
Die Mittelhöhe, beidem gleich geneigt,
Ob's fallend wässert oder luftig steigt.

SCHWEBENDER GENIUS ÜBER DER ERDKUGEL

Zwischen Oben, zwischen Unten,
Schweb' ich hin zu muntrer Schau,
Ich ergötze mich am Bunten,
Ich erquicke mich am Blau.

Und wenn mich am Tag die Ferne
Luftiger Berge sehnlich zieht,
Nachts das Übermaß der Sterne
Prächtig mir zu Häupten glüht,

Alle Tag' und alle Nächte
Rühm' ich so des Menschen Los;
Denkt er ewig sich in's Rechte.
Ist er ewig schön und groß.

DEM AUFGEHENDEN VOLLMONDE

Willst du mich sogleich verlassen?
Warst im Augenblick so nah!
Dich umfinstern Wolkenmassen,
Und nun bist du gar nicht da.

Doch du fühlst, wie ich betrübt bin,
Blickt dein Rand herauf als Stern!
Zeugest mir, daß ich geliebt bin,
Sei das Liebchen noch so fern.

So hinan denn! hell und heller,
Reiner Bahn, in voller Pracht!
Schlägt mein Herz auch schmerzlich schneller,
Überselig ist die Nacht.

AN DEN MOND

Füllest wieder's liebe Tal
Still mit Nebelglanz,
Lösest endlich auch einmal
Meine Seele ganz.

Breitest über mein Gefild
Lindernd deinen Blick
Wie der Liebsten Auge, mild
Über mein Geschick.

Das du so beweglich kennst,
Dieses Herz im Brand,
Haltet ihr wie ein Gespenst
An den Fluß gebannt,

Wenn in öder Winternacht
Er vom Tode schwillt
Und bei Frühlingslebens Pracht
An den Knospen quillt.

Selig, wer sich vor der Welt
Ohne Haß verschließt,
Einen Mann am Busen hält
Und mit dem genießt,

Was den Menschen unbewußt
Oder wohl veracht'
Durch das Labyrinth der Brust
Wandelt in der Nacht.

GEGENWART

Alles kündet dich an!
Erscheinet die herrliche Sonne,
Folgst du, so hoff' ich es bald.

Trittst du im Garten hervor,
So bist du die Rose der Rosen,
Lilie der Lilien zugleich.

Wenn du im Tanze dich regst,
So regen sich alle Gestirne
Mit dir und um dich umher.

Nacht! und so wär' es denn Nacht!
Nun überscheinst du des Mondes
Lieblichen, ladenden Glanz.

Ladend und lieblich bist du,
Und Blumen, Mond und Gestirne
Huldigen, Sonne, nur dir.

Sonne! so sei du auch mir
Die Schöpferin herrlicher Tage;
Leben und Ewigkeit ist's.

Bei Tag der Wolken formumformend Weben!
Bei Nacht des Sternenheeres glühend Leben!
Mit reinen Saiten wag' emporzudringen,
Du wirst der Sphären ewige Lieder singen.

Also träumt ich Morgenröte

Glänzen sah ich das Meer, und blinken die liebliche Welle,
    Frisch mit günstigem Wind zogen die Segel dahin.
Keine Sehnsucht fühlte mein Herz; es wendete rückwärts,
Nach dem Schnee des Gebirgs, bald sich der schmachtende Blick.
Südwärts liegen der Schätze wie viel! Doch einer im Norden
    Zieht, ein großer Magnet, unwiderstehlich zurück.

Kaum an dem blaueren Himmel erblickt' ich die glänzende Sonne,
    Reich, vom Felsen herab, Efeu zu Kränzen geschmückt,
Sah den emsigen Winzer die Rebe der Pappel verbinden,
    Über die Wiege Vigils kam mir ein laulicher Wind:
Da gesellten die Musen sich gleich zum Freunde; wir pflogen
    Abgerißnes Gespräch, wie es den Wanderer freut.

SULEIKA.

Als ich auf dem Euphrat schiffte,
Streifte sich der goldne Ring
Finger ab in Wasserklüfte,
Den ich jüngst von dir empfing.

Also träumt ich Morgenröte
Blitzt ins Auge durch den Baum.
Sag, Poete, sag, Prophete!
Was bedeutet dieser Traum?

HATEM.

Dies zu deuten bin erbötig!
Hab ich dir nicht oft erzählt,
Wie der Doge von Venedig
Mit dem Meere sich vermählt?

So von deinen Fingergliedern
Fiel der Ring dem Euphrat zu.
Ach, zu tausend Himmelsliedern,
Süßer Traum, begeisterst du!

Mich, der von den Indostanen
Streifte bis Damaskus hin,
Um mit neuen Karawanen
Bis ans Rote Meer zu ziehn,

Mich vermählst du deinem Flusse,
Der Terrasse, diesem Hain;
Hier soll bis zum letzten Kusse
Dir mein Geist gewidmet sein

RHEIN UND MAIN

1.

Zu des Rheins gestreckten Hügeln,
Hochgesegneten Gebreiten,
Auen, die den Fluß bespiegeln,
Weingeschmückten Landesweiten
Möget mit Gedankenflügeln
Ihr den treuen Freund begleiten.

2.

Erst Empfindung, dann Gedanken,
Erst ins Weite, dann zu Schranken,
Aus dem Wilden hold und mild
Zeigt sich dir das wahre Bild.

3.

Nicht ist alles Gold, was gleißt,
Glück nicht alles, was so heißt,
Nicht alles Freude, was so scheint.
Damit hab' ich gar manches gemeint.

4.

Wohlerleuchtet, glühend-milde
Zog der Fluß im Abendschein,
Über Brück' und Stadtgebilde
Finsternisse sanken ein.

DIE MUSAGETEN

Oft in tiefen Winternächten
Rief ich an die holden Musen:
Keine Morgenröte leuchtet
Und es will kein Tag erscheinen,
Aber bringt zur rechten Stunde
Mir der Lampe fromm Geleuchte,
Daß es, statt Auror und Phöbus,
Meinen stillen Fleiß belebe.
Doch sie ließen mich im Schlafe,
Dumpf und unerquicklich, liegen,
Und nach jedem späten Morgen
Folgten ungenutzte Tage.

Da sich nun der Frühling regte
Sagt ich zu den Nachtigallen:
Liebe Nachtigallen schlaget
Früh, o früh! vor meinem Fenster,
Weckt mich aus dem vollen Schlafe,
Der den Jüngling mächtig fesselt.
Doch die lieberfüllten Sänger
Dehnten Nachts vor meinem Fenster
Ihre süßen Melodien,
Hielten wach die liebe Seele,
Regten zartes neues Sehnen
Aus dem neugerührten Busen,
Und so ging die Nacht vorüber
Und Aurora fand mich schlafen,
Ja mich weckte kaum die Sonne.

Endlich ist es Sommer worden
Und beim ersten Morgenschimmer
Reizt mich aus dem holden
Schlummer
Die geschäftig frühe Fliege
Unbarmherzig kehrt sie wieder
Wenn auch oft der halberwachte
Ungeduldig sie verscheuchet,
Lockt die unverschämten Schwestern
Und von meinen Augenlidern
Muß der holde Schlaf entweichen.
Rüstig spring ich von dem Lager
Suche die geliebten Musen,
Finde sie im Buchenhaine
Mich gefällig zu empfangen.
Und den leidigen Insekten
Dank ich manche goldne Stunde,
Seid mir doch, ihr unbequemen,
Von dem Dichter hochgepriesen,
Als die wahren Musageten.

Leichte *Silberwolken* schweben

MÄRZ

Es ist ein Schnee gefallen,
Denn es ist noch nicht Zeit
Daß von den Blümlein allen,
Daß von den Blümlein allen
Wir werden hoch erfreut.

Der Sonnenblick betrüget
Mit mildem falschem Schein,
Die Schwalbe selber lüget,
Die Schwalbe selber lüget,
Warum? Sie kommt allein!

Sollt' ich mich einzeln freuen,
Wenn auch der Frühling nah?
Doch kommen wir zu zweien
Doch kommen wir zu zweien,
Gleich ist der Sommer da.

APRIL

Augen sagt mir, sagt was sagt ihr?
Denn ihr sagt was gar zu Schönes,
Gar des lieblichen Getönes;
Und in gleichem Sinne fragt ihr.

Doch ich glaub euch zu erfassen:
Hinter dieser Augen Klarheit
Ruht ein Herz in Lieb' und Wahrheit
Jetzt sich selber überlassen.

Dem es wohl behagen müßte,
Unter so viel stumpfen, blinden,
Endlich einen Blick zu finden
Der es auch zu schätzen wüßte.

Und indem ich diese Chiffern
Mich versenke zu studieren,
Laßt euch ebenfalls verführen
Meine Blicke zu entziffern!

FRÜHZEITIGER FRÜHLING

Tage der Wonne
Kommt ihr so bald?
Schenkt mir die Sonne,
Hügel und Wald?

Reichlicher fließen
Bächlein zumal.
Sind es die Wiesen,
Ist es das Tal?

Blauliche Frische!
Himmel und Höh'!
Goldene Fische
Wimmeln im See.

Buntes Gefieder
Rauschet im Hain;
Himmlische Lieder
Schallen darein.

Unter des Grünen
Blühender Kraft,
Naschen die Bienen
Summend am Saft.

Leise Bewegung
Bebt in der Luft,
Reizende Regung,
Schläfernder Duft.

Mächtiger rühret
Bald sich ein Hauch,
Doch er verlieret
Gleich sich im Strauch.

Aber zum Busen
Kehrt er zurück.
Helfet, ihr Musen,
Tragen das Glück!

Saget seit gestern,
Wie mir geschah?
Liebliche Schwestern,
Liebchen ist da!

35

MAI

Leichte Silberwolken schweben
Durch die erst erwärmten Lüfte,
Mild, von Schimmer sanft umgeben,
Blickt die Sonne durch die Düfte;
Leise wallt und drängt die Welle
Sich am reichen Ufer hin,
Und wie reingewaschen helle,
Schwankend hin und her und hin,
Spiegelt sich das junge Grün.

Still ist Luft und Lüftchen stille;
Was bewegt mir das Gezweige?
Schwüle Liebe dieser Fülle,
Von den Bäumen durch's Gesträuche.
Nun der Blick auf einmal helle,
Sieh! der Bübchen Flatterschar,
Das bewegt und regt so schnelle,
Wie der Morgen sie gebar,
Flügelhaft sich Paar und Paar.

Fangen an das Dach zu flechten; —
Wer bedürfte dieser Hütte? —
Und wie Zimmrer, die gerechten,
Bank und Tischchen in der Mitte!
Und so bin ich noch verwundert,
Sonne sinkt, ich fühl' es kaum;
Und nun führen aber hundert
Mir das Liebchen in den Raum,
Tag und Abend, welch ein Traum!

JUNI

Hinter jenem Berge wohnt
Sie, die meine Liebe lohnt.
Sage, Berg, was ist denn das?
Ist mir doch als wärst du Glas,

Und ich wär' nicht weit davon;
Denn sie kommt, ich seh' es schon,
Traurig, denn ich bin nicht da,
Lächelnd, ja, sie weiß es ja!

Nun stellt sich dazwischen
Ein kühles Tal mit leichten Büschen,
Bächen, Wiesen und dergleichen,
Mühlen und Rändern, den schönsten Zeichen
Daß da gleich wird eine Fläche kommen,
Weite Felder unbeklommen.
Und so immer, immer heraus,
Bis mir an Garten und Haus!

Aber wie geschicht's?
Freut mich das alles nicht —
Freute mich des Gesichts
Und der zwei Äuglein Glanz,
Freute mich des leichten Gangs,
Und wie ich sie seh'
Vom Zopf zur Zeh!

Sie ist fort, ich bin hier,
Ich bin weg, bin bei ihr.

Im Herbst 1775

Fetter grüne du Laub
Das Rebengeländer
Hier mein Fenster herauf
Gedrängter quillet
Zwillingsbeeren, und reifet
Schneller und glänzend voller
Euch brütet der Mutter Sonne
Scheideblick, euch umsäuselt
Des holden Himmels
Fruchtende Fülle.
Euch kühlet des Monds
Freundlicher Zauberhauch
Und euch betrauen, Ach!
Aus diesen Augen
Der ewig belebenden Liebe
Vollschwellende Tränen.

Harzreise im *Winter*

Dem Geier gleich,
Der auf schweren Morgenwolken
Mit sanftem Fittich ruhend
Nach Beute schaut,
Schwebe mein Lied.

Denn ein Gott hat
Jedem seine Bahn
Vorgezeichnet,
Die der Glückliche
Rasch zum freudigen
Ziele rennt;
Wem aber Unglück
Das Herz zusammenzog,
Er sträubt vergebens
Sich gegen die Schranken
Des ehernen Fadens,
Den die doch bittre Schere
Nur einmal löst.

In Dickichtsschauer
Drängt sich das rauhe Wild,
Und mit den Sperlingen
Haben längst die Reichen
In ihre Sümpfe sich gesenkt.

Leicht ist's, folgen dem Wagen,
Den Fortuna führt,
Wie der gemächliche Troß
Auf gebesserten Wegen
Hinter des Fürsten Einzug.

Aber abseits wer ist's?
Ins Gebüsch verliert sich sein Pfad,
Hinter ihm schlagen
Die Sträuche zusammen,
Das Gras steht wieder auf,
Die Öde verschlingt ihn.

Ach, wer heilet die Schmerzen
Des, dem Balsam zu Gift ward?
Der sich Menschenhaß
Aus der Fülle der Liebe trank.
Erst verachtet, nun ein Verächter,
Zehrt er heimlich auf
Seinen eignen Wert
In ungnügender Selbstsucht.

Ist auf deinem Psalter,
Vater der Liebe, ein Ton
Seinem Ohre vernehmlich,
So erquicke sein Herz!
Öffne den umwölkten Blick
Über die tausend Quellen
Neben dem Durstenden
In der Wüste!

Der du der Freuden viel schaffst,
Jedem ein überfließend Maß,
Segne die Brüder der Jagd
Auf der Fährte des Wilds
Mit jugendlichem Übermut
Fröhlicher Mordsucht,
Späte Rächer des Unbills,
Dem schon Jahre vergeblich
Wehrt mit Knütteln der Bauer.

Aber den Einsamen hüll'
In deine Goldwolken!
Umgib mit Wintergrün,
Bis die Rose wieder heranreift,
Die feuchten Haare,
O Liebe, deines Dichters!

Mit der dämmernden Fackel
Leuchtest du ihm
Durch die Furten bei Nacht,
Über grundlose Wege
Auf öden Gefilden;
Mit dem tausendfarbigen Morgen
Lachst du in's Herz ihm;
Mit dem beizenden Sturm
Trägst du ihn hoch empor.
Winterströme stürzen vom Felsen
In seine Psalmen,
Und Altar des lieblichsten Danks
Wird ihm des gefürchteten Gipfels
Schneebehangener Scheitel,
Den mit Geisterreihen
Kränzten ahnende Völker.

Du stehst mit unerforschtem Busen
Geheimnisvoll-offenbar
Über der erstaunten Welt
Und schaust aus Wolken
Auf ihre Reiche und Herrlichkeit,
Die du aus den Adern deiner Brüder
Neben dir wässerst.

friedrich von schiller

Die verschiedene Bestimmung

Millionen sorgen dafür, daß die Gattung bestehe,
Aber durch wenige pflanzet die Menschheit sich fort.
Tausend Keime zerstreuet der Herbst, doch bringet
                                            kaum einer
Früchte, zum Element kehren die meisten zurück.
Aber entfaltet sich auch nur Einer, der einzige streuet
Eine lebendige Welt ewiger Bildungen aus.

Das Spiel des Lebens

Wollt ihr in meinen Kasten sehn?
Des Lebens Spiel, die Welt im Kleinen,
Gleich soll sie eurem Aug' erscheinen,
Nur müßt ihr nicht zu nahe stehn,
Ihr müßt sie bei der Liebe Kerzen,
Und nur bei Amors Fackel sehn.

Schaut her! Nie wird die Bühne leer,
Dort bringen sie das Kind getragen,
Der Knabe hüpft, der Jüngling stürmt einher,
Es kämpft der Mann, und alles will er wagen.

Ein jeglicher versucht sein Glück,
Doch schmal nur ist die Bahn zum Rennen,
Der Wagen rollt, die Achsen brennen,
Der Held dringt kühn voran, der Schwächling
bleibt zurück,
Der Stolze fällt mit lächerlichem Falle,
Der Kluge überholt sie alle.

Die Frauen seht ihr an den Schranken stehn,
Mit holdem Blick, mit schönen Händen
Den Dank dem Sieger auszuspenden.

Des Lebens Spiel, die Welt im Kleinen

Hoffnung

Es reden und träumen die Menschen viel
Von bessern künftigen Tagen,
Nach einem glücklichen goldenen Ziel
Sieht man sie rennen und jagen,
Die Welt wird alt und wird wieder jung,
Doch der Mensch hofft immer Verbesserung!

Die Hoffnung führt ihn ins Leben ein,
Sie umflattert den fröhlichen Knaben,
Den Jüngling begeistert ihr Zauberschein,
Sie wird mit dem Greis nicht begraben,
Denn beschließt er im Grabe den müden Lauf,
Noch am Grabe pflanzt er – die Hoffnung auf.

Es ist kein leerer schmeichelnder Wahn,
Erzeugt im Gehirne des Toren.
Im Herzen kündet es laut sich an,
Zu was besserm sind wir geboren,
Und was die innere Stimme spricht,
Das täuscht die hoffende Seele nicht.

44 Friedrich von Schiller

Sehnsucht

Ach, aus dieses Tales Gründen,
Die der kalte Nebel drückt,
Könnt' ich doch den Ausgang finden,
Ach wie fühlt' ich mich beglückt!
Dort erblick' ich schöne Hügel,
Ewig jung und ewig grün!
Hätt' ich Schwingen, hätt' ich Flügel,
Nach den Hügeln zög ich hin.

Harmonieen hör' ich klingen,
Töne süßer Himmelsruh,
Und die leichten Winde bringen
Mir der Düfte Balsam zu,
Gold'ne Früchte seh ich glühen
Winkend zwischen dunklem Laub,
Und die Blumen, die dort blühen,
Werden keines Winters Raub.

Ach wie schön muß sich's ergehen
Dort im ew'gen Sonnenschein,
Und die Luft auf jenen Höhen
O wie labend muß sie sein!
Doch mir wehrt des Stromes Toben,
Der ergrimmt dazwischen braust,
Seine Wellen sind gehoben,
Daß die Seele mir ergraust.

Einen Nachen seh ich schwanken,
Aber ach! der Fährmann fehlt.
Frisch hinein und ohne Wanken,
Seine Segel sind beseelt.
Du mußt glauben, du mußt wagen,
Denn die Götter leihn kein Pfand,
Nur ein Wunder kann dich tragen
In das schöne Wunderland.

Das Glück und die Weisheit

Entzweit mit einem Favoriten
Flog einst *Fortun'* der Weisheit zu:
»Ich will dir meine Schätze bieten,
Sei meine Freundin du!

Mit meinen reichsten schönsten Gaben
Beschenkt' ich ihn so mütterlich,
Und sieh, er will noch immer haben,
Und nennt noch geizig mich.

Komm Schwester, laß uns Freundschaft schließen,
Du marterst dich an deinem Pflug,
In deinen Schoß will ich sie gießen,
Hier ist für dich und mich genug.«

Sophia lächelt diesen Worten,
Und wischt den Schweiß vom Angesicht;
»Dort eilt dein Freund, sich zu ermorden,
Versöhnet euch, ich brauch' dich nicht.«

Und alle Himmel
glaubt' ich zu erfliegen

Die Begegnung

Noch seh ich sie, umringt von ihren Frauen,
die herrlichste von allen stand sie da,
Wie eine Sonne war sie anzuschauen,
Ich stand von fern und wagte mich nicht nah,
Es faßte mich mit wollustvollem Grauen,
Als ich den Glanz vor mir verbreitet sah,
Doch schnell, als hätten Flügel mich getragen,
Ergriff es mich, die Saiten anzuschlagen.

Was ich in jenem Augenblick empfunden,
Und was ich sang, vergebens sinn' ich nach,
Ein neu Organ hatt' ich in mir gefunden,
Das meines Herzens heil'ge Regung sprach,
Die Seele war's, die Jahre lang gebunden,
Durch alle Fesseln jetzt auf einmal brach,
Und Töne fand in ihren tiefsten Tiefen,
Die ungeahnt und göttlich in ihr schliefen.

Und als die Saiten lange schon geschwiegen,
Die Seele endlich mir zurücke kam,
Da sah ich in den engelgleichen Zügen
Die Liebe ringen mit der holden Scham,
Und alle Himmel glaubt' ich zu erfliegen,
Als ich das leise süße Wort vernahm –
O droben nur in sel'ger Geister Chören
Werd' ich des Tones Wohllaut wieder hören!

»Das treue Herz, das trostlos sich verzehrt,
Und still bescheiden nie gewagt zu sprechen,
Ich kenne den ihm selbst verborgnen Wert,
Am rohen Glück will ich das Edle rächen.
Dem Armen sei das schönste Los beschert,
Nur Liebe darf der Liebe Blumen brechen.
Der schönste Schatz gehört dem Herzen an,
Das ihn erwidern und empfinden kann.«

Der Kampf

Nein, länger werd' ich diesen Kampf nicht kämpfen,
Den Riesenkampf der Pflicht.
Kannst du des Herzens Flammentrieb nicht dämpfen,
So fordre, Tugend, dieses Opfer nicht.

Geschworen hab' ich's, ja ich hab's geschworen,
Mich selbst zu bändigen.
Hier ist dein Kranz, er sei auf ewig mir verloren,
Nimm ihn zurück und laß mich sündigen.

Zerrissen sei, was wir bedungen haben,
Sie liebt mich – deine Krone sei verscherzt.
Glückselig, wer in Wonnetrunkenheit begraben,
So leicht wie ich den tiefen Fall verschmerzt.

Sie sieht den Wurm an meiner Jugend Blume nagen
Und meinen Lenz entflohn,
Bewundert still mein heldenmütiges Entsagen
Und großmutsvoll beschließt sie meinen Lohn.

Mißtraue, schöne Seele, dieser Engelgüte,
Dein Mitleid waffnet zum Verbrechen mich.
Gibt's in des Lebens unermeßlichem Gebiete
Gibt's einen andern schönern Lohn als *dich*?

Als das Verbrechen, das ich ewig fliehen wollte?
Tyrannisches Geschick!
Der einz'ge Lohn, der meine Tugend krönen sollte,
Ist meiner Tugend letzter Augenblick!

An Emma

Weit in nebelgrauer Ferne
Liegt mir das vergang'ne Glück,
Nur an Einem schönen Sterne
Weilt mit Liebe noch der Blick,
Aber wie des Sternes Pracht
Ist es nur ein Schein der Nacht.

Deckte dir der lange Schlummer,
Dir der Tod die Augen zu,
Dich besäße doch mein Kummer,
Meinem Herzen lebtest du.
Aber ach! du lebst im Licht,
Meiner Liebe lebst du nicht.

Kann der Liebe süß Verlangen,
Emma, kann's vergänglich sein?
Was dahin ist und vergangen,
Emma, kann's die Liebe sein?
Ihrer Flamme Himmelsglut
Stirbt sie, wie ein irdisch Gut?

Die Entzückung an Laura

Laura, über diese Welt zu flüchten
Wähn ich – mich in Himmelmaienglanz zu lichten,
Wenn dein Blick in meine Blicke flimmt,
Ätherlüfte träum' ich einzusaugen,
Wenn mein Bild in deiner sanften Augen
Himmelblauem Spiegel schwimmt.

Leierklang aus Paradieses Fernen,
Harfenschwung aus angenehmern Sternen
Ras' ich in mein trunknes Ohr zu ziehn,
Meine Muse fühlt die Schäferstunde,
Wenn von deinem wollustheißen Munde
Silbertöne ungern fliehn –

Amoretten seh' ich Flügel schwingen,
Hinter dir die trunk'nen Fichten springen
Wie von Orpheus Saitenruf belebt,
Rascher rollen um mich her die Pole,
Wenn im Wirbeltanze deine Sohle
Flüchtig wie die Welle schwebt –

Deine Blicke – wenn sie Liebe lächeln,
Könnten Leben durch den Marmor fächeln,
Felsenadern Pulse leih'n,
Träume werden um mich her zu Wesen,
Kann ich nur in deinen Augen lesen:
Laura, Laura mein!

Des Mädchens Klage

Der Eichwald brauset,
Die Wolken ziehn,
Das Mägdlein sitzet
An Ufers Grün,
Es bricht sich die Welle mit Macht, mit Macht,
Und sie seufzt hinaus in die finstre Nacht,
Das Auge von Weinen getrübet.

»Das Herz ist gestorben,
Die Welt ist leer,
Und weiter gibt sie
Dem Wunsche nichts mehr.
Du Heilige rufe dein Kind zurück,
Ich habe genossen das irdische Glück,
Ich habe gelebt und geliebet!«

Es rinnet der Tränen
Vergeblicher Lauf,
Die Klage sie wecket
Die Toten nicht auf,
Doch nenne, was tröstet und heilet die Brust
Nach der süßen Liebe verschwundener Lust,
Ich, die himmlische, wills nicht versagen.

Laß rinnen der Tränen
Vergeblichen Lauf,
Es wecke die Klage
Den Toten nicht auf,
Das süßeste Glück für die traurende Brust,
Nach der schönen Liebe verschwundener Lust,
Sind der Liebe Schmerzen und Klagen.

Amalia

Schön wie Engel vor Wallhallas Wonne,
Schön vor allen Jünglingen war er,
Himmlisch mild sein Blick wie Maiensonne,
Rückgestrahlt vom blauen Spiegelmeer.

Seine Küsse – paradiesisch Fühlen!
Wie zwo Flammen sich ergreifen, wie
Harfentöne in einander spielen
Zu der himmelvollen Harmonie –

Stürzten, flogen, schmolzen Geist und Geist
zusammen,
Lippen, Wangen brannten, zitterten,
Seele rann in Seele – Erd und Himmel schwammen
Wie zerronnen um die Liebenden!

Er ist hin – vergebens, ach vergebens
Stöhnet ihm der bange Seufzer nach!
Er ist hin und alle Lust des Lebens
Wimmert hin in ein verlor'nes Ach!

An Minna

Träum' ich? Ist mein Auge trüber?
Nebelt's mir ums Angesicht?
Meine Minna geht vorüber?
Meine Minna kennt mich nicht?
Die am Arme seichter Toren
Blähend mit dem Fächer ficht,
Eitel in sich selbst verloren –
Meine Minna ist es nicht.

Von dem Sommerhute nicken
Stolze Federn, mein Geschenk,
Schleifen, die den Busen schmücken,
Rufen: Minna, sei gedenk!
Blumen, die ich selbst erzogen,
Zieren Brust und Locken noch –
Ach die Brust, die mir gelogen!
Und die Blumen blühen doch!

Geh! umhüpft von leeren Schmeichlern!
Geh! vergiß auf ewig mich.
Überliefert feilen Heuchlern,
Eitles Weib, veracht' ich dich.
Geh! Dir hat ein Herz geschlagen,
Dir ein Herz, das edel schlug,
Groß genug, den Schmerz zu tragen,
Daß es einer Törin schlug.

In den Trümmern deiner Schöne
Seh ich dich verlassen stehn,
Weinend in die Blumenszene
Deines Mais zurücke sehn.
Schwalben, die im Lenze minnen,
Fliehen, wenn der Nordsturm weht,
Buhler scheucht dein Herbst von hinnen,
Einen Freund hast du verschmäht.

Die mit heißem Liebesgeize
Deinem Kuß entgegen flohn,
Zischen dem erloschnen Reize,
Lachen deinem Winter Hohn.
Ha! wie will ich dann dich höhnen!
Höhnen? Gott bewahre mich!
Weinen will ich bitt're Tränen,
Weinen, Minna! über dich.

Du Wonne der Natur!

An den Frühling

Willkommen schöner Jüngling!
Du Wonne der Natur!
Mit deinem Blumenkörbchen
Willkommen auf der Flur!

Ei! Ei! Da bist ja wieder!
Und bist so lieb und schön!
Und freun wir uns so herzlich,
Entgegen dir zu gehn.

Denkst auch noch an mein Mädchen?
Ei lieber denke doch!
Dort liebte mich das Mädchen,
Und's Mädchen liebt mich noch!

Fürs Mädchen manches Blümchen
Erbat ich mir von dir –
Ich komm' und bitte wieder,
Und du? – du gibst es mir?

Willkommen schöner Jüngling!
Du Wonne der Natur!
Mit deinem Blumenkörbchen
Willkommen auf der Flur.

Meine Blumen

Schöne Frühlingskinder lächelt,
Jauchzet Veilchen auf der Au!
Süßer Balsamatem fächelt
Aus des Kelches Himmelblau.
Schön das Kleid mit Licht gesticket,
Schön hat Flora euch geschmücket
Mit des Busens Perlentau!
Holde Frühlingskinder weinet!
Seelen hat sie auch verneinet,
Trauert Blümchen auf der Au!

Nachtigall und Lerche flöten
Minnelieder über euch,
Und in euren Balsambeeten
Gattet sich das Fliegenreich.
Schuf nicht für die süßen Triebe

Euren Kelch zum Thron der Liebe
So wollüstig die Natur.
Sanfte Frühlingskinder weinet,
Liebe hat sie *euch* verneinet,
Trauert Blümchen auf der Flur!

Aber wenn, vom Dom umzingelt,
Meine Laura euch zerknickt,
Und in einen Kranz geringelt
Tränend ihrem Dichter schickt –
Leben, Sprache, Seelen, Herzen
Flügelboten süßer Schmerzen!
Goß euch dies Berühren ein.
Von Dionen angefächelt,
Schöne Frühlingskinder lächelt,
Jauchzet Blumen in dem Hain!

Der Jüngling am Bache

An der Quelle saß der Knabe,
Blumen wand er sich zum Kranz,
Und er sah sie fortgerissen
Treiben in der Wellen Tanz.
Und so fliehen meine Tage
Wie die Quelle rastlos hin!
Und so bleichet meine Jugend,
Wie die Kränze schnell verblühn!

Fraget nicht, warum ich traure
In des Lebens Blütezeit!
Alles freuet sich und hoffet,
Wenn der Frühling sich erneut.
Aber diese tausend Stimmen
Der erwachenden Natur
Wecken in dem tiefen Busen
Mir den schweren Kummer nur.

Was soll mir die Freude frommen,
Die der schöne Lenz mir beut?
Eine nur ists, die ich suche,
Sie ist nah und ewig weit.
Sehnend breit ich meine Arme
Nach dem teuren Schattenbild,
Ach ich kann es nicht erreichen,
Und das Herz bleibt ungestillt!

Komm herab, du schöne Holde,
Und verlaß dein stolzes Schloß!
Blumen, die der Lenz geboren,
Streu ich dir in deinen Schoß.
Horch, der Hain erschallt von Liedern
Und die Quelle rieselt klar!
Raum ist in der kleinsten Hütte
Für ein glücklich liebend Paar.

Der Sämann

Siehe, voll Hoffnung vertraust du der Erde den goldenen Samen
Und erwartest im Lenz fröhlich die keimende Saat.
Nur in die Furche der Zeit bedenkst du dich Taten zu streuen,
Die von der Weisheit gesät still für die Ewigkeit blühn?

Natur und Vernunft

Wärt ihr, Schwärmer, im Stande die Ideale zu fassen,
O so verehret ihr auch, wie sich's gebührt, die Natur.
Wärt ihr, Philister, im Stand, die Natur im Großen zu sehen,
Sicher führte sie selbst euch zu Ideen empor.

Die zwei Tugendwege

Zwei sind der Wege, auf welchen der Mensch zur Tugend emporstrebt,
Schließt sich der eine dir zu, tut sich der andre dir auf.
Handelnd erringt der Glückliche sie, der Leidende duldend.
Wohl ihm, den sein Geschick liebend auf beiden geführt.

Durch die schwebende Welt flieg ich des Windes Flug

Die Größe der Welt

Die der schaffende Geist einst aus dem Chaos schlug,
Durch die schwebende Welt flieg ich des Windes Flug,
    Bis am Strande
    Ihrer Wogen ich lande,
Anker werf', wo kein Hauch mehr weht
Und der Markstein der Schöpfung steht.

Sterne sah ich bereits jugendlich auferstehn,
Tausendjährigen Gangs durchs Firmament zu gehn,
    Sah sie spielen
    Nach den lockenden Zielen,
Irrend suchte mein Blick umher,
Sah die Räume schon – sternenleer.

Anzufeuren den Flug weiter zum Reich des Nichts,
Steur' ich mutiger fort, nehme den Flug des Lichts,
    Neblicht trüber
    Himmel an mir vorüber,
Weltsysteme, Fluten im Bach,
Strudeln dem Sonnenwanderer nach.

Sieh, den einsamen Pfad wandelt ein Pilger mir
Rasch entgegen – »Halt an! Waller, was suchst du hier?«
    »Zum Gestade
    Seiner Welt meine Pfade,
Segle hin, wo kein Hauch mehr weht,
Und der Markstein der Schöpfung steht!«

»Steh! du segelst umsonst – vor dir Unendlichkeit!«
»Steh! du segelst umsonst – Pilger auch hinter mir! –
    Senke nieder
    Adlergedank dein Gefieder,
Kühne Seglerin, Phantasie,
Wirf ein mutloses Anker hie.«

Menschliches Wissen

Weil du liesest in ihr, was du selber in sie geschrieben,
Weil du in Gruppen fürs Aug' ihre Erscheinungen reihst,
Deine Schnüre gezogen auf ihrem unendlichen Felde,
Wähnst du, es fasse dein Geist ahnend die große Natur.
So beschreibt mit Figuren der Astronome den Himmel,
Daß in dem ewigen Raum leichter sich finde der Blick,
Knüpft entlegene Sonnen, durch Siriusfernen geschieden,
Aneinander im Schwan, und in den Hörnern des Stiers.
Aber versteht er darum der Sphären mystische Tänze,
Weil ihm das Sternengewölb sein Planiglobium zeigt?

Denn mich trieb ein mächtig Hoffen

Die idealische Freiheit

Aus dem Leben heraus sind der Wege zwei dir geöffnet,
Zum Ideale führt einer, der andre zum Tod.
Siehe, daß du bei Zeiten noch frei auf dem ersten entspringest,
Ehe die Parze mit Zwang dich auf dem andern entführt.

An die Mystiker

Das ist eben das wahre Geheimnis, das allen vor Augen
Liegt, euch ewig umgibt, aber von keinem gesehn.

Die Philosophieen

Welche wohl bleibt von allen den Philosophieen? Ich weiß nicht.
Aber die Philosophie hoff' ich soll ewig bestehn.

Der Pilgrim

Noch in meines Lebens Lenze
War ich und ich wandert' aus,
Und der Jugend frohe Tänze
Ließ ich in des Vaters Haus.

All mein Erbteil, meine Habe
Warf ich fröhlich glaubend hin,
Und am leichten Pilgerstabe
Zog ich fort mit Kindersinn.

Denn mich trieb ein mächtig Hoffen
Und ein dunkles Glaubenswort,
Wandle riefs, der Weg ist offen,
Immer nach dem Aufgang fort.

Bis zu einer goldnen Pforten
Du gelangst, da gehst du ein,
Denn das Irdische wird dorten
Himmlisch unvergänglich sein.

Abend wards und wurde Morgen,
Nimmer, nimmer stand ich still,
Aber immer bliebs verborgen,
Was ich suche, was ich will.

Berge lagen mir im Wege,
Ströme hemmten meinen Fuß,
Über Schlünde baut ich Stege,
Brücken durch den wilden Fluß.

Und zu eines Stroms Gestaden
Kam ich, der nach Morgen floß,
Froh vertrauend seinem Faden
Werf ich mich in seinen Schoß.

Hin zu einem großen Meere
Trieb mich seiner Wellen Spiel,
Vor mir liegts in weiter Leere,
Näher bin ich nicht dem Ziel.

Ach kein Steg will dahin führen,
Ach der Himmel über mir
Will die Erde nie berühren,
Und das dort ist niemals hier.

Elisium

Vorüber die stöhnende Klage!
Elisiums Freudengelage
Ersäufen jegliches Ach –
Elisiums Leben
Ewige Wonne, ewiges Schweben,
Durch lachende Fluren ein flötender Bach.

Jugendlich milde
Beschwebt die Gefilde
Ewiger Mai,
Die Stunden entfliehen in goldenen Träumen,
Die Seele schwillt aus in unendlichen Räumen,
Wahrheit reißt hier den Schleier entzwei.

Unendliche Freude
Durchwallet das Herz.
Hier mangelt der Name dem trauernden Leide,
Sanfter Entzücken nur heißet hier Schmerz.

Hier strecket der wallende Pilger die matten
Brennenden Glieder im säuselnden Schatten,
Leget die Bürde auf ewig dahin –
Seine Sichel entfällt hier dem Schnitter,
Eingesungen von Harfengezitter,
Träumt er geschnittene Halme zu sehn.

Dessen Fahne Donnerstürme wallte,
Dessen Ohren Mordgebrüll umhallte,
Berge bebten unter dessen Donnergang,
Schläft hier linde bei des Baches Rieseln,
Der wie Silber spielet über Kieseln,
Ihm verhallet wilder Speere Klang.

Hier umarmen sich getreue Gatten,
Küssen sich auf grünen samt'nen Matten
Liebgekost vom Balsamwest,
Ihre Krone findet hier die Liebe,
Sicher vor des Todes strengem Hiebe,
Feiert sie ein ewig Hochzeitfest.

Dithyrambe

Nimmer, das glaubt mir,
Erscheinen die Götter,
Nimmer allein.
Kaum daß ich Bacchus den lustigen habe,
Kommt auch schon Amor, der lächelnde Knabe,
Phöbus der Herrliche findet sich ein.
    Sie nahen, sie kommen
    Die Himmlischen alle,
    Mit Göttern erfüllt sich
    Die irdische Halle.

Sagt, wie bewirt' ich,
Der Erdegeborne,
Himmlischen Chor?
Schenket mir euer unsterbliches Leben,
Götter! Was kann euch der Sterbliche geben?
Hebet zu eurem Olymp mich empor.
    Die Freude, sie wohnt nur
    In Jupiters Saale,
    O füllet mit Nektar,
    O reicht mir die Schale!

Reich ihm die Schale!
Schenke dem Dichter
Hebe nur ein.
Netz' ihm die Augen mit himmlischem Taue,
Daß er den Styx, den verhaßten, nicht schaue,
Einer der Unsern sich dünke zu sein.
    Sie rauschet, sie perlet,
    Die himmlische Quelle,
    Der Busen wird ruhig,
    Das Auge wird helle.

Das irdische Bündel

Himmelan flögen sie gern, doch hat auch der Körper sein Gutes,
Und man packt es geschickt hinten dem Seraph noch auf.

Was ich ohne dich wäre, ich weiß es
nicht – aber mir grauet,
Seh ich, was ohne *Dich* Hundert' und
Tausende sind.

Und der mächtigste
von allen Herrschern
ist der Augenblick

Die Gunst des Augenblicks

Und so finden wir uns wieder
In dem heitern bunten Reihn,
Und es soll der Kranz der Lieder
Frisch und grün geflochten sein.

Aber wem der Götter bringen
Wir des Liedes ersten Zoll?
Ihn vor allen laßt uns singen,
Der die Freude schaffen soll.

Denn was frommt es, daß mit Leben
Ceres den Altar geschmückt?
Daß den Purpursaft der Reben
Bacchus in die Schale drückt?

Zückt vom Himmel nicht der Funken,
Der den Herd in Flammen setzt,
Ist der Geist nicht feuertrunken,
Und das Herz bleibt unergetzt.

Aus den Wolken muß es fallen,
Aus der Götter Schoß das Glück,
Und der mächtigste von allen
Herrschern ist der Augenblick.

Von dem allerersten Werden
Der unendlichen Natur,
Alles Göttliche auf Erden
Ist ein Lichtgedanke nur.

Langsam in dem Lauf der Horen,
Füget sich der Stein zum Stein,
Schnell wie es der Geist geboren
Will das Werk empfunden sein.

Wie im hellen Sonnenblicke
Sich ein Farbenteppich webt,
Wie auf ihrer bunten Brücke
Iris durch den Himmel schwebt,

So ist jede schöne Gabe
Flüchtig wie des Blitzes Schein,
Schnell in ihrem düstern Grabe
Schließt die Nacht sie wieder ein.

Die Macht des Gesanges

Ein Regenstrom aus Felsenrissen,
Er kommt mit Donners Ungestüm,
Bergtrümmer folgen seinen Güssen,
Und Eichen stürzen unter ihm,
Erstaunt mit wollustvollem Grausen
Hört ihn der Wanderer und lauscht,
er hört die Flut vom Felsen brausen,
Doch weiß er nicht, woher sie rauscht,
So strömen des Gesanges Wellen
Hervor aus nie entdeckten Quellen.

Verbündet mit den furchtbar'n Wesen,
Die still des Lebens Faden drehn,
Wer kann des Sängers Zauber lösen,
Wer seinen Tönen widersteh'n?
Wie mit dem Stab des Götterboten
Beherrscht er das bewegte Herz,
Er taucht es in das Reich der Toten,
Er hebt es staunend himmelwärts
Und wiegt es zwischen Ernst und Spiele
Auf schwanker Leiter der Gefühle.

Wie wenn auf einmal in die Kreise
Der Freude, mit Gigantenschritt,
Geheimnisvoll nach Geisterweise
Ein ungeheures Schicksal tritt.
Da beugt sich jede Erdengröße
Dem Fremdling aus der andern Welt,
Des Jubels nichtiges Getöse
Verstummt, und jede Larve fällt,
Und vor der Wahrheit mächt'gem Siege
Verschwindet jedes Werk der Lüge.

So rafft von jeder eiteln Bürde,
Wenn des Gesanges Ruf erschallt,
Der Mensch sich auf zur Geisterwürde,
Und tritt in heilige Gewalt;
Den hohen Göttern ist er eigen,
Ihm darf nichts irdisches sich nahn,
Und jede and're Macht muß schweigen,
Und kein Verhängnis fällt ihn an,
Es schwinden jedes Kummers Falten,
So lang des Liedes Zauber walten.

Und wie nach hoffnungslosem Sehnen,
Nach langer Trennung bitterm Schmerz,
Ein Kind mit heißen Reuetränen
Sich stürzt an seiner Mutter Herz,
So führt zu seiner Jugend Hütten,
Zu seiner Unschuld reinem Glück,
Vom fernen Ausland fremder Sitten
Den Flüchtling der Gesang zurück,
In der Natur getreuen Armen
Von kalten Regeln zu erwarmen.

An den Dichter

Laß die Sprache dir sein, was der Körper den Liebenden. Er nur
Ist's, der die Wesen trennt und der die Wesen vereint.

Es glänzen viele in der Welt...

Licht und Wärme

Der beßre Mensch tritt in die Welt
Mit fröhlichem Vertrauen,
Er glaubt, was ihm die Seele schwellt,
Auch außer sich zu schauen,
Und weiht, von edlem Eifer warm,
Der Wahrheit seinen treuen Arm.

Doch alles ist so klein so eng,
Hat er es erst erfahren,
Da sucht er in dem Weltgedräng
Sich selbst nur zu bewahren,
Das Herz in kalter stolzer Ruh
Schließt endlich sich der Liebe zu.

Sie geben, ach! nicht immer Glut
Der Wahrheit helle Strahlen,
Wohl denen, die des Wissens Gut
Nicht mit dem Herzen zahlen.
Drum paart zu eurem schönsten Glück
Mit Schwärmers Ernst des Weltmanns Blick.

Breite und Tiefe

Es glänzen viele in der Welt,
Sie wissen von allem zu sagen,
Und wo was reizet und wo was gefällt,
Man kann es bei ihnen erfragen,
Man dächte, hört man sie reden laut,
Sie hätten wirklich erobert die Braut.

Doch gehn sie aus der Welt ganz still,
Ihr Leben war verloren,
Wer etwas treffliches leisten will,
Hätt' gern was Großes geboren,
Der sammle still und unerschlafft
Im kleinsten Punkte die höchste Kraft.

Der Stamm erhebt sich in die Luft
Mit üppig prangenden Zweigen,
Die Blätter glänzen und hauchen Duft,
Doch können sie Früchte nicht zeugen,
Der Kern allein im schmalen Raum
Verbirgt den Stolz des Waldes, den Baum.

Die schönste Erscheinung

Sahest du nie die Schönheit im Augenblicke des Leidens,
Niemals hast du die Schönheit gesehn.
Sahst du die Freude nie in einem schönen Gesichte,
Niemals hast du die Freude gesehn!

An die Freunde

Liebe Freunde! Es gab schön're Zeiten,
Als die unsern – das ist nicht zu streiten!
Und ein edler Volk hat einst gelebt.
Könnte die Geschichte davon schweigen,
Tausend Steine würden redend zeugen,
Die man aus dem Schoß der Erde gräbt.
Doch es ist dahin, es ist verschwunden
Dieses hochbegünstigte Geschlecht.
Wir, wir *leben*! Unser sind die Stunden,
Und der Lebende hat Recht.

Freunde! Es gibt glücklichere Zonen,
Als das Land, worin wir leidlich wohnen,
Wie der weitgereiste Wandrer spricht.
Aber hat *Natur* uns viel entzogen,
War die *Kunst* uns freundlich doch gewogen,
Unser Herz erwarmt an *ihrem* Licht.
Will der Lorbeer hier sich nicht gewöhnen,
Wird die Myrte unsers Winters Raub,
Grünet doch, die Schläfe zu bekrönen,
Uns der Rebe muntres Laub.

Wohl von größerm Leben mag es rauschen,
Wo vier Welten ihre Schätze tauschen,
An der Themse, auf dem Markt der Welt.
Tausend Schiffe landen an, und gehen,
Da ist jedes Köstliche zu sehen,
Und es herrscht der Erde Gott, das Geld.
Aber nicht im trüben Schlamm der Bäche,
Der von wilden Regengüssen schwillt,
Auf des stillen Baches eb'ner Fläche
Spiegelt sich das Sonnenbild.

Prächtiger als *wir* in unserm Norden
Wohnt der Bettler an der Engelspforten,
Denn er sieht das ewig einzge Rom!
Ihn umgibt der Schönheit Glanzgewimmel,
Und ein zweiter Himmel in den Himmel
Steigt Sankt Peters wunderbarer Dom.
Aber Rom in allem seinem Glanze
Ist ein Grab nur der Vergangenheit,
Leben duftet nur die frische Pflanze,
Die die grüne Stunde streut.

Größ'res mag sich anderswo begeben,
Als bei uns, in unserm kleinen Leben,
Neues – hat die Sonne nie gesehn.
Sehn wir doch das Große *aller* Zeiten
Auf den Brettern, die die Welt bedeuten,
Sinnvoll, still an uns vorübergehn.
Alles wiederholt sich nur im Leben,
Ewig jung ist nur die Phantasie,
Was sich nie und nirgends hat begeben,
Das allein veraltet nie!

Freund und Feind

Teuer ist mir der Freund, doch auch den Feind kann ich nützen,
Zeigt mir der Freund was ich kann, lehrt mich der Feind was ich soll.

Die Übereinstimmung

Wahrheit suchen wir beide; du außen im Leben, ich innen
In dem Herzen, und so findet sie jeder gewiß.
Ist das Auge gesund, so begegnet es außen dem Schöpfer,
Ist es das Herz, dann gewiß spiegelt es innen die Welt.

An*

Teile mir mit, was du weißt, ich werd' es dankbar empfangen,
Aber du gibst mir dich selbst, damit verschone mich, Freund.

Wer möchte sich an Schattenbildern *weiden …*

Unsterblichkeit

Vor dem Tod erschrickst du? Du wünschest unsterblich zu leben?
Leb' im Ganzen! Wenn Du lange dahin bist, es bleibt.

Poesie des Lebens
An ***

»Wer möchte sich an Schattenbildern weiden,
Die mit erborgtem Schein das Wesen überkleiden,
Mit trügrischem Besitz die Hoffnung hintergehn?
Entblößt muß ich die Wahrheit sehn.
Soll gleich mit meinem Wahn mein ganzer Himmel
                                    schwinden,
Soll gleich den freien Geist, den der erhab'ne Flug
Ins grenzenlose Reich der Möglichkeiten trug,
Die Gegenwart mit strengen Fesseln binden,
Er lernt sich selber überwinden.
Ihn wird das heilige Gebot
Der Pflicht, das furchtbare der Not
Nur desto unterwürf'ger finden,
Wer schon der Wahrheit milde Herrschaft scheut,
Wie trägt er die Notwendigkeit?« –

So rufst du aus und blickst, mein strenger Freund,
Aus der Erfahrung sicherm Porte,
Verwerfend hin auf alles, was nur scheint.
Erschreckt von deinem ernsten Worte
Entflieht der Liebesgötter Schar,
Der Musen Spiel verstummt, es ruhn der Horen
                                    Tänze,
Still traurend nehmen ihre Kränze
Die Schwestergöttinnen vom schön gelockten Haar,
Apoll zerbricht die goldne Leier,
Und Hermes seinen Wunderstab,
Des Traumes rosenfarbner Schleier
Fällt von des Lebens bleichem Antlitz ab,
Die Welt scheint was sie ist, ein Grab.
Von seinen Augen nimmt die zauberische Binde
Cytherens Sohn, die Liebe sieht,
Sie sieht in ihrem Götterkinde
Den Sterblichen, erschrickt und flieht,
Der Schönheit Jugendbild veraltet,
Auf deinen Lippen selbst erkaltet
Der Liebe Kuß und in der Freude Schwung
Ergreift dich die Versteinerung.

Spruch des Confucius

Dreifach ist der Schritt der Zeit,
Zögernd kommt die Zukunft hergezogen,
Pfeilschnell ist das Jetzt entflogen,
Ewig still steht die Vergangenheit.

Keine Ungeduld beflügelt
Ihren Schritt, wenn sie verweilt.
Keine Furcht, kein Zweifeln zügelt
Ihren Lauf, wenn sie enteilt.
Keine Reu, kein Zaubersegen
Kann die stehende bewegen.

Möchtest du beglückt und weise
Endigen des Lebens Reise,
Nimm die Zögernde zum Rat,
Nicht zum Werkzeug deiner Tat.
Wähle nicht die Fliehende zum Freund,
Nicht die Bleibende zum Feind.

Das Geheimnis

Sie konnte mir kein Wörtchen sagen,
Zu viele Lauscher waren wach,
Den Blick nur durft ich schüchtern fragen,
Und wohl verstand ich, was er sprach.
Leis komm' ich her in deine Stille,
Du schön belaubtes Buchenzelt,
Verbirg in Deiner grünen Hülle
Die Liebenden dem Aug' der Welt.

Von ferne mit verworrnem Sausen
Arbeitet der geschäft'ge Tag,
Und durch der Stimmen hohles Brausen
Erkenn' ich schwerer Hämmer Schlag.
So sauer ringt die kargen Lose
Der Mensch dem harten Himmel ab,
Doch leicht erworben, aus dem Schoße
Der Götter fällt das Glück herab.

Daß ja die Menschen nie es hören,
Wie treue Lieb' uns still beglückt!
Sie können nur die Freude stören,
Weil Freude nie sie selbst entzückt.
Die Welt wird nie das Glück erlauben,
Als Beute wird es nur gehascht,
Entwenden mußt du's oder rauben,
Eh dich die Mißgunst überrascht.

Leis auf den Zähen kommt's geschlichen,
Die Stille liebt es und die Nacht,
Mit schnellen Füßen ist's entwichen,
Wo des Verräters Auge wacht.
O schlinge dich, du sanfte Quelle,
Ein breiter Strom um uns herum,
Und drohend mit empörter Welle
Verteidige dies Heiligtum.

Die Worte des Wahns

Drei Worte hört man bedeutungsschwer
Im Munde der Guten und Besten.
Sie schallen vergeblich, ihr Klang ist leer,
Sie können nicht helfen und trösten.
Verscherzt ist dem Menschen des Lebens Furcht,
So lang' er die Schatten zu haschen sucht.

So lang' er glaubt an die goldene Zeit,
Wo das Rechte, das Gute wird siegen, –
Das Rechte, das Gute führt ewig Streit,
Nie wird der Feind ihm erliegen,
Und erstickst du ihn nicht in den Lüften frei,
Stets wächst ihm die Kraft auf der Erde neu.

So lang' er glaubt, daß das buhlende Glück
Sich dem Edeln vereinigen werde.
Dem Schlechten folgt es mit Liebesblick,
Nicht dem Guten gehöret die Erde.
Er ist ein Fremdling, er wandert aus,
Und suchet ein unvergänglich Haus.

So lang' er glaubt, daß dem ird'schen Verstand
Die Wahrheit je wird erscheinen,
Ihren Schleier hebt keine sterbliche Hand,
Wir können nur raten und meinen.
Du kerkerst den Geist in ein tönend Wort,
Doch der freie wandelt im Sturme fort.

Drum edle Seele, entreiß dich dem Wahn
Und den himmlischen Glauben bewahre!
Was kein Ohr vernahm, was die Augen nicht sahn,
Es ist dennoch das Schöne, das Wahre!
Es ist nicht draußen, da sucht es der Tor,
Es ist *in* dir, du bringst es ewig hervor.

An dem *Himmel* herauf mit leisen Schritten kommt die duftende *Nacht*

Der Abend
Nach einem Gemälde

Senke, strahlender Gott, die Fluren dürsten
Nach erquickendem Tau, der Mensch verschmachtet,
Matter ziehen die Rosse,
Senke den Wagen hinab.
Siehe, wer aus des Meers krystallner Woge
Lieblich lächelnd dir winkt! Erkennt dein Herz sie?
Rascher fliegen die Rosse,
Thetis, die göttliche, winkt.
Schnell vom Wagen herab in ihre Arme
Springt der Führer, den Zaum ergreift Kupido,
Stille halten die Rosse,
Trinken die kühlende Flut.
An dem Himmel herauf mit leisen Schritten
Kommt die duftende Nacht; ihr folgt die süße
Liebe. Ruhet und liebet,
Phöbus, der liebende, ruht.

Abschied vom Leser

Die Muse schweigt, mit jungfräulichen Wangen,
Erröten im verschämten Angesicht,
Tritt sie vor dich, ihr Urteil zu empfangen,
Sie achtet es, doch fürchtet sie es nicht.
Des Guten Beifall wünscht sie zu erlangen,
Den Wahrheit rührt, den Flimmer nicht besticht,
Nur wem ein Herz empfänglich für das Schöne
Im Busen schlägt, ist wert, daß er sie kröne.

Nicht länger wollen diese Lieder leben,
Als bis ihr Klang ein fühlend Herz erfreut,
Mit schönern Phantasieen es umgeben,
Zu höheren Gefühlen es geweiht;
Zur fernen Nachwelt wollen sie nicht schweben,
Sie tönten, sie verhallen in der Zeit.
Des Augenblickes Lust hat sie geboren,
Sie fliehen fort im leichten Tanz der Horen.

Der Lenz erwacht, auf den erwärmten Triften
Schießt frohes Leben jugendlich hervor,
Die Staude würzt die Luft mit Nektardüften,
Den Himmel füllt ein muntrer Sängerchor,
Und jung und alt ergeht sich in den Lüften,
Und freuet sich, und schwelgt mit Aug' und Ohr.
Der Lenz entflieht! Die Blume schießt in Samen,
Und keine bleibt von allen, welche kamen.

heinrich Heine

Wenn der Frühling kommt

Wenn der
Frühling kommt

Gekommen ist der Maie

Gekommen ist der Maie,
Die Blumen und Bäume blühn,
Und durch die Himmelsbläue
Die rosigen Wolken ziehn.

Die Nachtigallen singen
Herab aus der laubigen Höh,
Die weißen Lämmer springen
Im weichen grünen Klee.

Ich kann nicht singen und springen,
Ich liege krank im Gras;
Ich höre fernes Klingen,
Mir träumt, ich weiß nicht was.

In dem Walde sprießt und grünt es

In dem Walde sprießt und grünt es
Fast jungfräulich lustbeklommen;
Doch die Sonne lacht herunter:
Junger Frühling, sei willkommen!

Nachtigall! auch dich schon hör ich,
Wie du flötest seligtrübe,
Schluchzend langgezogne Töne,
Und dein Lied ist lauter Liebe!

Wahrhaftig

Wenn der Frühling kommt mit dem Sonnenschein,
Dann knospen und blühen die Blümlein auf;
Wenn der Mond beginnt seinen Strahlenlauf,
Dann schwimmen die Sternlein hintendrein;
Wenn der Sänger zwei süße Äuglein sieht,
Dann quellen ihm Lieder aus tiefem Gemüt; –
Doch Lieder und Sterne und Blümelein,
Und Äuglein und Mondglanz und Sonnenschein,
Wie sehr das Zeug auch gefällt,
So machts doch noch lang keine Welt.

Frühlingsbotschaft

Mäßig

Friedrich--Mendelssohn

1. Lei - se zieht durch mein Ge - müt lieb - lich - es Ge - läu - te;

klin - ge, klei - nes Früh - lings - lied, kling hi - naus ins Wei - te.

Kling hinaus, bis an das Haus,
Wo die Blumen sprießen,

Wenn du eine Rose schaust,
Sag, ich laß sie grüßen.

Herz, mein Herz

Mein Herz, mein Herz ist traurig,
Doch lustig leuchtet der Mai;
Ich stehe, gelehnt an der Linde,
Hoch auf der alten Bastei.

Da drunten fließt der blaue
Stadtgraben in stiller Ruh;
Ein Knabe fährt im Kahne,
Und angelt und pfeift dazu.

Jenseits erheben sich freundlich,
In winziger, bunter Gestalt,
Lusthäuser, und Gärten, und Menschen,
Und Ochsen, und Wiesen, und Wald.

Die Mägde bleichen Wäsche,
Und springen im Gras herum:
Das Mühlrad stäubt Diamanten,
Ich höre sein fernes Gesumm.

Am alten grauen Turme
Ein Schilderhäuschen steht;
Ein rotgeröckter Bursche
Dort auf und nieder geht.

Er spielt mit seiner Flinte,
Die funkelt im Sonnenrot,
Er präsentiert und schultert -
Ich wollt, er schösse mich tot.

Es hat die warme Frühlingsnacht

Es hat die warme Frühlingsnacht
Die Blumen hervorgetrieben,
Und nimmt mein Herz sich nicht in Acht,
So wird es sich wieder verlieben.

Doch welche von den Blumen alln
Wird mir das Herz umgarnen?
Es wollen die singenden Nachtigalln
Mich vor der Lilje warnen.

Es drängt die Not

Es drängt die Not, es läuten die Glocken,
Und ach! ich hab den Kopf verloren!
Der Frühling und zwei schöne Augen,
Sie haben sich wider mein Herz verschworen.

Der Frühling und zwei schöne Augen
Verlocken mein Herz in neue Betörung!
Ich glaube, die Rosen und Nachtigallen
Sind tief verwickelt in dieser Verschwörung.

Dichterliebe

Dichterliebe

Im wunderschönen Monat Mai

Im wunderschönen Monat Mai,
Als alle Knospen sprangen,
Da ist in meinem Herzen
Die Liebe aufgegangen.

Im wunderschönen Monat Mai,
Als alle Vögel sangen,
Da hab ich ihr gestanden
Mein Sehnen und Verlangen.

Allnächtlich im Traume seh ich dich

Allnächtlich im Traume seh ich dich,
Und sehe dich freundlich grüßen,
Und lautaufweinend stürz ich mich
Zu deinen süßen Füßen.

Du siehst mich an wehmütiglich,
Und schüttelst das blonde Köpfchen;
Aus deinen Augen schleichen sich
Die Perlentränentröpfchen.

Du sagst mir heimlich ein leises Wort,
Und gibst mir den Strauß von Zypressen.
Ich wache auf, und der Strauß ist fort,
Und das Wort hab ich vergessen.

Die Rose, die Lilje, die Taube, die Sonne

Die Rose, die Lilje, die Taube, die Sonne,
Die liebt ich einst alle in Liebeswonne.
Ich lieb' sie nicht mehr, ich liebe alleine
Die Kleine, die Feine, die Reine, die Eine;
Sie selber, aller Liebe Bronne,
Ist Rose und Lilje und Taube und Sonne.

Aus meinen Tränen sprießen

Aus meinen Tränen sprießen
Viel blühende Blumen hervor,
Und meine Seufzer werden
Ein Nachtigallenchor.

Und wenn du mich lieb hast, Kindchen,
Schenk ich dir die Blumen all,
Und vor deinem Fenster soll klingen
Das Lied der Nachtigall.

Wenn ich in deine Augen seh

Wenn ich in deine Augen seh,
So schwindet all mein Leid und Weh;
Doch wenn ich küsse deinen Mund,
So werd ich ganz und gar gesund.

Wenn ich mich lehn an deine Brust,
Kommts über mich wie Himmelslust;
Doch wenn du sprichst: Ich liebe dich!
So muß ich weinen bitterlich.

Ich hab im Traum geweinet

Robert--Schumann
Dichterliebe op.--48:
Nr.--13

Unruhig bewegt

p

Ich hab im Trau - me ge - wei - net, mir

träum - te, du lä - gest im Grab. Ich wach - te auf, und die

Trä - ne floß noch von der Wan - ge her - ab. Ich

hab im Trau - me ge - wei - net, mir träumt', du ver - lie - ßest mich. Ich

wach - te auf, und ich wein - te noch lan - ge bit - ter - lich. Ich

hab im Trau - me ge - wei - net, mir träumt', du wärst mir noch gut.

Ich wach - te auf, und noch im - mer strömt mei - ne Trä - nen

flut.

Hör ich das Liedchen klingen

Hör ich das Liedchen klingen,
Das einst die Liebste sang,
So will mir die Brust zerspringen
Von wildem Schmerzendrang.

Es treibt mich ein dunkles Sehnen
Hinauf zur Waldeshöh,
Dort löst sich auf in Tränen
Mein übergroßes Weh.

Und wüßtens die Blumen

Und wüßtens die Blumen, die kleinen,
Wie tief verwundet mein Herz,
Sie würden mit mir weinen,
Zu heilen meinen Schmerz.

Und wüßtens die Nachtigallen,
Wie ich so traurig und krank,
Sie ließen fröhlich erschallen
Erquickenden Gesang.

Und wüßten sie mein Wehe,
Die goldnen Sternelein,
Sie kämen aus ihrer Höhe,
Und sprächen Trost mir ein.

Sie alle könnens nicht wissen,
Nur Eine kennt meinen Schmerz:
Sie hat ja selbst zerrissen,
Zerrissen mir das Herz.

Das ist ein Flöten und Geigen

Das ist ein Flöten und Geigen,
Trompeten schmettern drein;
Da tanzt den Hochzeitreigen
Die Herzallerliebste mein.

Das ist ein Klingen und Dröhnen,
Von Pauken und Schalmein;
Dazwischen schluchzen und stöhnen
Die guten Engelein.

Ich will meine Seele tauchen

Ich will meine Seele tauchen
In den Kelch der Lilje hinein,
Die Lilje soll klingend hauchen
Ein Lied von der Liebsten mein.

Das Lied soll schauern und beben
Wie der Kuß von ihrem Mund,
Den sie mir einst gegeben
In wunderbar süßer Stund.

Ich grolle nicht

Ich grolle nicht, und wenn das Herz auch bricht,
Ewig verlornes Lieb! ich grolle nicht.
Wie du auch strahlst in Diamantenpracht,
Es fällt kein Strahl in deines Herzens Nacht.

Das weiß ich längst. Ich sah dich ja im Traum,
Und sah die Nacht in deines Herzens Raum,
Und sah die Schlang, die dir am Herzen frißt, –
Ich sah, mein Lieb, wie sehr du elend bist.

Die alten, bösen Lieder

Die alten, bösen Lieder,
Die Träume schlimm und arg,
Die laßt uns jetzt begraben,
Holt einen großen Sarg.

Hinein leg ich gar Manches,
Doch sag ich noch nicht was;
Der Sarg muß sein noch größer,
Wies Heidelberger Faß.

Und holt eine Totenbahre,
Und Bretter fest und dick:
Auch muß sie sein noch länger,
Als wie zu Mainz die Brück.

Und holt mir auch zwölf Riesen,
Die müssen noch stärker sein
Als wie der heilge Christoph
Im Dom zu Köln am Rhein.

Die sollen den Sarg forttragen,
Und senken ins Meer hinab,
Denn solchem großen Sarge
Gebührt ein großes Grab.

Wißt ihr, warum der Sarg wohl
So groß und schwer mag sein?
Ich legt auch meine Liebe
Und meinen Schmerz hinein.

Ein Jüngling liebt ein Mädchen

Ein Jüngling liebt ein Mädchen,
Die hat einen andern erwählt;
Der andre liebt eine andre,
Und hat sich mit dieser vermählt.

Das Mädchen heiratet aus Ärger
Den ersten besten Mann,
Der ihr in den Weg gelaufen;
Der Jüngling ist übel dran.

Es ist eine alte Geschichte,
Doch bleibt sie immer neu;
Und wem sie just passieret,
Dem bricht das Herz entzwei.

Am leuchtenden Sommermorgen

Am leuchtenden Sommermorgen
Geh ich im Garten herum.
Es flüstern und sprechen die Blumen,
Ich aber, ich wandle stumm.

Es flüstern und sprechen die Blumen,
Und schaun mitleidig mich an:
Sei unserer Schwester nicht böse,
Du trauriger, blasser Mann!

Im Rhein, im schönen Strome

Im Rhein, im schönen Strome,
Da spiegelt sich in den Welln
Mit seinem großen Dome,
Das große, heilige Köln.

Im Dom da steht ein Bildnis,
Auf goldenem Leder gemalt;
In meines Lebens Wildnis
Hat's freundlich hineingestrahlt.

Es schweben Blumen und Englein
Um unsre liebe Frau;
Die Augen, die Lippen, die Wänglein,
Die gleichen der Liebsten genau.

Aus alten Märchen winkt es

Aus alten Märchen winkt es
Hervor mit weißer Hand,
Da singt es und da klingt es
Von einem Zauberland:

Wo große Blumen schmachten
Im goldnen Abendlicht,
Und zärtlich sich betrachten,
Mit bräutlichem Gesicht; –

Wo alle Bäume sprechen
Und singen wie ein Chor,
Und laute Quellen brechen
Wie Tanzmusik hervor; –

Und Liebesweisen tönen,
Wie du sie nie gehört,
Bis wundersüßes Sehnen
Dich wundersüß betört!

Ach, könnt ich dorthin kommen,
Und dort mein Herz erfreun,
Und aller Qual entnommen,
Und frei und selig sein!

Ach, jenes Land der Wonne,
Das seh ich oft im Traum;
Doch kommt die Morgensonne,
Zerfließts wie eitel Schaum.

Die Loreley

Die Loreley

Ich weiss nicht was soll es be-deu - ten, dass ich so trau - rig bin; ein

Mär-chen aus al - ten Zei - ten, das kommt mir nicht aus dem Sinn. Die

Luft ist kühl und es dun - kelt, und ru - hig fliesst der Rhein; der

Gi - pfel des Ber - ges fun - kelt im A - bend- son - nen - schein.

Die schönste Jungfrau sitzet
Dort oben wunderbar;
Ihr goldnes Geschmeide blitzet,
Sie kämmt ihr goldenes Haar.

Sie kämmt es mit goldenem Kamme
Und singt ein Lied dabei;
Das hat eine wundersame,
Gewaltige Melodei.

Den Schiffer im kleinen Schiffe
Ergreift es mit wildem Weh,
Er schaut nicht die Felsenriffe,
Er schaut nur hinauf in die Höh.

Ich glaube, die Wellen verschlingen
Am Ende Schiffer und Kahn;
Und das hat mit ihrem Singen
Die Lore-Ley getan.

Ich wandle unter Blumen

unter Blumen

Wie die Nelken

Wie die Nelken duftig atmen!
Wie die Sterne, ein Gewimmel
Goldner Bienen, ängstlich schimmern
An dem veilchenblauen Himmel!

Aus dem Dunkel der Kastanien
Glänzt das Landhaus, weiß und lüstern,
Und ich hör die Glastür klirren
Und die liebe Stimme flüstern.

Holdes Zittern, süßes Beben,
Furchtsam zärtliches Umschlingen –
Und die jungen Rosen lauschen,
Und die Nachtigallen singen.

Der Schmetterling ist in die Rose verliebt

Der Schmetterling ist in die Rose verliebt,
Umflattert sie tausendmal,
Ihn selber aber, goldig zart,
Umflattert der liebende Sonnenstrahl.

Jedoch, in wen ist die Rose verliebt?
Das wüßt ich gar zu gern.
Ist es die singende Nachtigall?
Ist es der schweigende Abendstern?

Ich weiß nicht, in wen die Rose verliebt;
Ich aber lieb euch all:
Rose, Schmetterling, Sonnenstrahl,
Abendstern und Nachtigall.

Morgens send ich dir die Veilchen

Morgens send ich dir die Veilchen,
Die ich früh im Wald gefunden,
Und des Abends bring ich Rosen,
Die ich brach in Dämmrungstunden.

Weißt du, was die hübschen Blumen
Dir Verblümtes sagen möchten?
Treu sein sollst du mir am Tage
Und mich lieben in den Nächten.

Die Rose duftet

Die Rose duftet – doch ob sie empfindet
Das, was sie duftet, ob die Nachtigall
Selbst fühlt, was sich durch unsre Seele windet
Bei ihres Liedes süßem Widerhall; –

Ich weiß es nicht. Doch macht uns gar verdrießlich
Die Wahrheit oft! Und Ros und Nachtigall,
Erlögen sie auch das Gefühl, ersprießlich
Wär solche Lüge, wie in manchem Fall –

Die schlanke Wasserlilje

Die schlanke Wasserlilje
Schaut träumend empor aus dem See;
Da grüßt der Mond herunter
Mit lichtem Liebesweh.

Verschämt senkt sie das Köpfchen
Wieder hinab zu den Welln –
Da sieht sie zu ihren Füßen
Den armen blassen Geselln.

Ich wandle unter Blumen

Ich wandle unter Blumen
Und blühe selber mit;
Ich wandle wie im Traume,
Und schwanke bei jedem Schritt.

O, halt mich fest, Geliebte!
Vor Liebestrunkenheit
Fall ich dir sonst zu Füßen,
Und der Garten ist voller Leut.

Was treibt dich umher

Was treibt dich umher, in der Frühlingsnacht?
Du hast die Blumen toll gemacht,
Die Veilchen, sie sind erschrocken!
Die Rosen, sie sind vor Scham so rot,
Die Liljen, sie sind so blaß wie der Tod,
Sie klagen und zagen und stocken!

O, lieber Mond, welch frommes Geschlecht
Sind doch die Blumen! Sie haben Recht,
Ich habe Schlimmes verbrochen!
Doch konnt ich wissen, daß sie gelauscht,
Als ich, von glühender Liebe berauscht,
Mit den Sternen droben gesprochen?

93

Die blauen Frühlingsaugen

Allegretto con grazia

Robert Franz, op.--20 Nr.--1

Die blau-en Früh-lings-au - gen schaun aus dem Gras her-

vor, das sind die lie-ben Veil - chen, die ich mir zum Strauß er-

kor. Ich pflü-cke sie und den - ke,

und die Ge-dan-ken all, die mir im Her-zen seuf - zen, singt

laut die Nach-ti - gall. Ja, was ich den-ke,

singt sie laut - schmet - ternd, daß es schallt;

mein zärt - li - ches Ge-heim - nis weiß schon der gan-ze Wald, weiß

schon der gan-ze Wald.

Küsse, die man
stiehlt im Dunkeln

Küsse, die man stiehlt im Dunkeln

Wir haben viel für einander gefühlt

Wir haben viel für einander gefühlt,
Und dennoch uns gar vortrefflich vertragen.
Wir haben oft »Mann und Frau« gespielt,
Und dennoch uns nicht gerauft und geschlagen.
Wir haben zusammen gejauchzt und gescherzt,
Und zärtlich uns geküßt und geherzt.
Wir haben am Ende, aus kindischer Lust,
»Verstecken« gespielt in Wäldern und Gründen,
Und haben uns so zu verstecken gewußt,
Daß wir uns nimmermehr wiederfinden.

Küsse, die man stiehlt im Dunkeln

Küsse, die man stiehlt im Dunkeln
Und im Dunkeln wiedergibt,
Solche Küsse wie beselgen
Sie die Seele, wenn sie liebt!

Ahnend und erinnrungsüchtig,
Denkt die Seele sich dabei
Manches von vergangnen Tagen,
Und von Zukunft mancherlei.

Doch das gar zu viele Denken
Ist bedenklich, wenn man küßt; –
Weine lieber, liebe Seele,
Weil das Weinen leichter ist.

Als Sie mich umschlang

Als Sie mich umschlang mit zärtlichem Pressen,
Da ist meine Seele gen Himmel geflogen!
Ich ließ sie fliegen, und hab unterdessen
Den Nektar von Ihren Lippen gesogen.

Laß ab!

Der Tag ist in die Nacht verliebt,
Der Frühling in den Winter,
Das Leben verliebt in den Tod –
Und du, du liebest mich!

Du liebst mich – schon erfassen dich
Die grauenhaften Schatten,
All deine Blüte welkt,
Und deine Seele verblutet.

Laß ab von mir, und liebe nur
Die heiteren Schmetterlinge,
Die da gaukeln im Sonnenlicht –
Laß ab von mir und dem Unglück.

Zueignung

Mir träumte einst von wildem Liebesglühn,
Von hübschen Locken, Myrten und Resede,
Von süßen Lippen und von bittrer Rede,
Von düstrer Lieder düstern Melodien.

Verblichen und verweht sind längst die Träume,
Verweht ist gar mein liebstes Traumgebild!
Geblieben ist mir nur, was glutenwild
Ich einst gegossen hab in weiche Reime.

Du bliebst, verwaistes Lied! Verweh jetzt auch,
Und such das Traumbild, das mir längst entschwunden,
Und grüße es mir, wenn du es aufgefunden –
Dem luftgen Schatten send ich luftgen Hauch.

Ich hab dich geliebt und liebe dich noch!

Ich hab dich geliebt und liebe dich noch!
Und fiele die Welt zusammen,
Aus ihren Trümmern stiegen doch
Hervor meiner Liebe Flammen.

Die Fensterschau

Der bleiche Heinrich ging vorbei,
Schön Hedwig lag am Fenster.
Sie sprach halblaut: Gott steh mir bei,
Der unten schaut bleich wie Gespenster!

Der unten hub sein Aug in die Höh,
Hinschmachtend nach Hedewigs Fenster.
Schön Hedwig ergriff es wie Liebesweh,
Auch sie ward bleich wie Gespenster.

Schön Hedwig stand nun mit Liebesharm
Tagtäglich lauernd am Fenster.
Bald aber lag sie in Heinrichs Arm,
Allnächtlich zur Zeit der Gespenster.

Da droben auf dem Berge

Da droben auf dem Berge,
Da steht ein feines Schloß,
Da wohnen drei schöne Fräulein,
Von denen ich Liebe genoß.

Sonnabend küsste mich Jette,
Und Sonntag die Julia,
Und Montag die Kunigunde,
Die hat mich erdrückt beinah.

Doch Dienstag war eine Fete
Bei meinen drei Fräulein im Schloß;
Die Nachbarschafts-Herren und Damen,
Die kamen zu Wagen und Roß.

Ich aber war nicht geladen,
Und das habt ihr dumm gemacht!
Die zischelnden Muhmen und Basen,
Die merktens und haben gelacht.

Ihr Bild

Langsam

Franz Schubert, Schwanengesang D--957: Nr.--9

Ich stand in dun - keln Träu - men und
starrte ihr Bild - nis an, und das ge - lieb - te
Ant - litz heim - lich zu le - ben be - gann.
Um ih - re Lip - pen zog sich ein Lä - cheln wun - der-
bar, und wie von Weh - muts-trä - nen er -
glänz - te ihr Au - gen - paar. Auch
mei - ne Trä - nen flos - sen mir von den Wan-gen her - ab
und ach! ich kann es nicht glau - ben, daß ich
dich ver - lo - ren hab!

Auf Flügeln des Gesanges

Auf Flügeln des Gesanges,
Herzliebchen, trag ich dich fort,
Fort nach den Fluren des Ganges,
Dort weiß ich den schönsten Ort.

Dort liegt ein rotblühender Garten
Im stillen Mondenschein;
Die Lotosblumen erwarten
Ihr trautes Schwesterlein.

Die Veilchen kichern und kosen,
Und schaun nach den Sternen empor;
Heimlich erzählen die Rosen
Sich duftende Märchen ins Ohr.

Es hüpfen herbei und lauschen
Die frommen, klugen Gazelln;
Und in der Ferne rauschen
Des heiligen Stromes Welln.

Dort wollen wir niedersinken
Unter dem Palmenbaum,
Und Liebe und Ruhe trinken,
Und träumen seligen Traum.

Mein Liebchen, wir saßen beisammen

Mein Liebchen, wir saßen beisammen,
Traulich im leichten Kahn.
Die Nacht war still, und wir schwammen
Auf weiter Wasserbahn.

Die Geisterinsel, die schöne,
Lag dämmrig im Mondenglanz;
Dort klangen liebe Töne,
Und wogte der Nebeltanz.

Dort klang es lieb und lieber,
Und wogt' es hin und her;
Wir aber schwammen vorüber,
Trostlos auf weitem Meer.

Es fällt ein Stern herunter~

Es fällt ein Stern herunter
Aus seiner funkelnden Höh!
Das ist der Stern der Liebe,
Den ich dort fallen seh.

Es fallen vom Apfelbaume
Der Blüten und Blätter viel!
Es kommen die neckenden Lüfte,
Und treiben damit ihr Spiel.

Es singt der Schwan im Weiher,
Und rudert auf und ab,
Und immer leiser singend,
Taucht er ins Flutengrab.

Es ist so still und dunkel!
Verweht ist Blatt und Blüt,
Der Stern ist knisternd zerstoben,
Verklungen das Schwanenlied.

Sie liebten sich beide

Sie liebten sich beide, doch keiner
Wollt es dem andern gestehn;
Sie sahen sich an so feindlich,
Und wollten vor Liebe vergehn.

Sie trennten sich endlich und sahn sich
Nur noch zuweilen im Traum;
Sie waren längst gestorben,
Und wußten es selber kaum.

Ich wollte, meine Lieder

Ich wollte, meine Lieder
Das wären Blümelein:
Ich schickte sie zu riechen
Der Herzallerliebsten mein.

Ich wollte, meine Lieder,
Das wären Küsse fein:
Ich schickte sie heimlich alle
Nach Liebchens Wängelein.

Ich wollte, meine Lieder
Das wären Erbsen klein:
Ich kocht eine Erbsensuppe,
Die sollte köstlich sein.

Sommernachtsständchen

Güldne Sternlein schauen nieder
Mit der Liebe Sehnsuchtwehn.
Bunte Blümlein nicken wieder,
Schauen schmachtend in die Höhn.

Zärtlich blickt der Mond herunter,
Spiegelt sich in Bächleins Fluten,
Und vor Liebe taucht er unter,
Kühlt im Wasser seine Gluten.

Wollustatmend, in der Schwüle,
Schnäbeln weiße Turteltäubchen;
Flimmernd, wie zum Liebesspiele,
Fliegt der Glühwurm nach dem Weibchen.

Lüftlein schauern wundersüße,
Ziehen feiernd durch die Bäume,
Werfen Kuß und Liebesgrüße
Nach den Schatten weicher Träume.

Blümlein hüpfet, Bächlein springet,
Sternlein kommt herabgeschossen; –
Alles wacht und lacht und singet, –
Liebe hat ihr Reich erschlossen.

Werdet nur nicht ungeduldig

Werdet nur nicht ungeduldig,
Wenn von alten Leidensklängen
Manche noch vernehmlich tönen
In den neuesten Gesängen.

Wartet nur, es wird verhallen
Dieses Echo meiner Schmerzen,
Und ein neuer Liederfrühling
Sprießt aus dem geheilten Herzen.

Deine weißen Liljenfinger

Deine weißen Liljenfinger,
Könnt ich sie noch einmal küssen,
Und sie drücken an mein Herz,
Und vergehn in stillem Weinen!

Deine klaren Veilchenaugen
Schweben vor mir Tag und Nacht,
Und mich quält es: was bedeuten
Diese süßen, blauen Rätsel?

Hat sie sich denn nie geäußert

»Hat sie sich denn nie geäußert
Über dein verliebtes Wesen?
Konntest du in ihren Augen
Niemals Gegenliebe lesen?

Konntest du in ihren Augen
Niemals bis zur Seele dringen?
Und du bist ja sonst kein Esel,
Teurer Freund, in solchen Dingen.«

Hochzeitsreigen

Hochzeitsreigen

Der weite Boden

Der weite Boden ist überzogen
Mit Blumendecken, der grüne Wald
Er wölbt sich hoch zu Siegesbogen,
Gefiederte Einzugmusik erschallt.

Es kommt der schöne Lenz geritten,
Sein Auge sprüht, die Wange glüht!
Ihr solltet ihn zur Hochzeit bitten,
Denn gerne weilt er, wo Liebe blüht.

Es kommt der Lenz

Es kommt der Lenz mit dem Hochzeitgeschenk,
Mit Jubel und Musizieren,
Das Bräutchen und den Bräutigam
Kommt er zu gratulieren.

Er bringt Jasmin und Röselein,
Und Veilchen und duftige Kräutchen,
Und Sellerie für den Bräutigam,
Und Spargel für das Bräutchen.

Und bist du erst mein ehlich Weib

Und bist du erst mein ehlich Weib,
Dann bist du zu beneiden,
Dann lebst du in lauter Zeitvertreib,
In lauter Pläsier und Freuden.

Und wenn du schiltst und wenn du tobst,
Ich werd es geduldig leiden;
Doch wenn du meine Verse nicht lobst,
Laß ich mich von dir scheiden.

J F Eliaerts

Die Launen der Verliebten

Der Käfer saß auf dem Zaun, betrübt;
Er hat sich in eine Fliege verliebt.

Du bist, o Fliege meiner Seele,
Die Gattin, die ich auserwähle.

Heirate mich und sei mir hold!
Ich hab einen Bauch von eitel Gold.

Mein Rücken ist eine wahre Pracht;
Da flammt der Rubin, da glänzt der Smaragd.

O daß ich eine Närrin wär!
Ein'n Käfer nehm ich nimmermehr.

Mich lockt nicht Gold, Rubin und Smaragd;
Ich weiß, daß Reichtum nicht glücklich macht.

Nach Idealen schwärmt mein Sinn,
Weil ich eine stolze Fliege bin. –

Der Käfer flog fort mit großem Grämen;
Die Fliege ging, ein Bad zu nehmen.

Wo ist denn meine Magd, die Biene,
Daß sie beim Waschen mich bediene;

Daß sie mir streichle die feine Haut,
Denn ich bin eines Käfers Braut.

Wahrhaftig, ich mach eine große Partie;
Viel schöneren Käfer gab es nie.

Sein Rücken ist eine wahre Pracht;
Da flammt der Rubin, da glänzt der Smaragd.

Sein Bauch ist gülden, hat noble Züge;
Vor Neid wird bersten gar manche Schmeißfliege.

Spute dich, Bienchen, und frisier mich,
Und schnüre die Taille und parfümier mich;

Reib mich mit Rosenessenzen, und gieße
Lavendelöl auf meine Füße,

Damit ich gar nicht stinken tu,
Wenn ich in des Bräutigams Armen ruh.

Schon flirren heran die blauen Libellen,
Und huldigen mir als Ehrenmamsellen.

Sie winden mir in den Jungfernkranz
Die weiße Blüte der Pomeranz.

Viel Musikanten sind eingeladen,
Auch Sängerinnen, vornehme Zikaden.

Rohrdommel und Horniß, Bremse und Hummel,
Sie sollen trompeten und schlagen die Trummel;

Sie sollen aufspielen zum Hochzeitfest –
Schon kommen die bunt beflügelten Gäst,

Schon kommt die Familie, geputzt und munter;
Gemeine Insekten sind viele darunter.

Heuschrecken und Wespen, Muhmen und Basen,
Sie kommen heran – Die Trompeten blasen.

Der Pastor Maulwurf im schwarzen Ornat,
Da kommt er gleichfalls – es ist schon spat.

Die Glocken läuten, bim-bam, bim-bam –
Wo bleibt mein liebster Bräutigam? – –

Bim-bam, bim-bam, klingt Glockengeläute,
Der Bräutigam aber flog fort ins Weite.

Die Glocken läuten, bim-bam, bim-bam –
Wo bleibt mein liebster Bräutigam?

Der Bräutigam hat unterdessen
Auf einem fernen Misthaufen gesessen.

Dort blieb er sitzen sieben Jahr,
Bis daß die Braut verfaulet war.

Meinen schönsten Liebesantrag

Meinen schönsten Liebesantrag
Suchst du ängstlich zu verneinen;
Frag ich dann: ob das ein Korb sei?
Fängst du plötzlich an zu weinen.

Selten bet ich, drum erhör mich,
Lieber Gott! Hilf dieser Dirne,
Trockne ihre süßen Tränen
Und erleuchte ihr Gehirne.

Das Fräulein stand am Meere

Das Fräulein stand am Meere
Und seufzte lang und bang,
Es rührte sie so sehre
Der Sonnenuntergang.

Mein Fräulein! sein Sie munter,
Das ist ein altes Stück;
Hier vorne geht sie unter
Und kehrt von hinten zurück.

Sie saßen und tranken am Teetisch

Sie saßen und tranken am Teetisch
Und sprachen von Liebe viel.
Die Herren, die waren ästhetisch,
Die Damen von zartem Gefühl.

Die Liebe muß sein platonisch,
Der dürre Hofrat sprach.
Die Hofrätin lächelt ironisch,
Und dennoch seufzet sie: Ach!

Der Domherr öffnet den Mund weit:
Die Liebe sei nicht zu roh,
Sie schadet sonst der Gesundheit.
Das Fräulein lispelt: Wie so?

Die Gräfin spricht wehmütig:
Die Liebe ist eine Passion!
Und präsentieret gütig
Die Tasse dem Herren Baron.

Am Tische war noch ein Plätzchen;
Mein Liebchen, da hast du gefehlt.
Du hättest so hübsch, mein Schätzchen,
Von deiner Liebe erzählt.

Augen, die ich längst vergessen

Augen, die ich längst vergessen,
Wollen wieder mich verstricken,
Wieder bin ich wie verzaubert
Von des Mädchens sanften Blicken.

Ihre Lippen küssen wieder
Mich in jene Zeit zurücke,
Wo ich schwamm des Tags in Torheit
Und des Nachts in vollem Glücke.

Wär nur nicht die tiefe Grube
In dem Kinn, geliebtes Liebchen:
Anno achtzehnhundertzwanzig
War dort nur ein leises Grübchen.

Augen, die nicht ferne blicken

Augen, die nicht ferne blicken,
Und auch nicht zur Liebe taugen,
Aber ganz entsetzlich drücken,
Sind des Vetters Hühneraugen.

Hast du vertrauten Umgang mit Damen

Hast du vertrauten Umgang mit Damen,
Schweig, Freundchen, stille und nenne nie Namen:
Um ihretwillen, wenn sie fein sind,
Um deinetwillen, wenn sie gemein sind.

Alte Rose

Eine Rosenknospe war
Sie, für die mein Herze glühte;
Doch sie wuchs, und wunderbar
Schoß sie auf in voller Blüte.

Ward die schönste Ros im Land,
Und ich wollt die Rose brechen,
Doch sie wußte mich pikant
Mit den Dornen fortzustechen.

Jetzt, wo sie verwelkt, zerfetzt
Und verklatscht von Wind und Regen
Liebster Heinrich bin ich jetzt,
Liebend kommt sie mir entgegen.

Heinrich hinten, Heinrich vorn,
Klingt es jetzt mit süßen Tönen;
Sticht mich jetzt etwa ein Dorn,
Ist es an dem Kinn der Schönen.

Allzu hart die Borsten sind,
Die des Kinnes Wärzchen zieren –
Geh ins Kloster, liebes Kind,
Oder lasse dich rasieren.

Blamier mich nicht, mein schönes Kind,

Blamier mich nicht, mein schönes Kind,
Und grüß mich nicht unter den Linden;
Wenn wir nachher zu Hause sind,
Wird sich schon alles finden.

rainer maria rilke

Ich lebe mein Leben in wachsenden Ringen

ICH lebe mein Leben in wachsenden Ringen,
die sich über die Dinge ziehn.
Ich werde den letzten vielleicht nicht vollbringen,
aber versuchen will ich ihn.

Ich kreise um Gott, um den uralten Turm,
und ich kreise jahrtausendelang;
und ich weiß noch nicht: bin ich ein Falke, ein Sturm
oder ein großer Gesang.

ICH habe viele Brüder in Sutanen
im Süden, wo in Klöstern Lorbeer steht.
Ich weiß, wie menschlich sie Madonnen planen,
und träume oft von jungen Tizianen,
durch die der Gott in Gluten geht.

Doch wie ich mich auch in mich selber neige:
Mein Gott ist dunkel und wie ein Gewebe
von hundert Wurzeln, welche schweigsam trinken.
Nur, daß ich mich aus *seiner* Wärme hebe,
mehr weiß ich nicht, weil alle meine Zweige
tief unten ruhn und nur im Winde winken.

Fortschritt

UND wieder rauscht mein tiefes Leben lauter,
als ob es jetzt in breitern Ufern ginge.
Immer verwandter werden mir die Dinge
und alle Bilder immer angeschauter.
Dem Namenlosen fühl ich mich vertrauter:
Mit meinen Sinnen, wie mit Vögeln, reiche
ich in die windigen Himmel aus der Eiche,
und in den abgebrochnen Tag der Teiche
sinkt, wie auf Fischen stehend, mein Gefühl.

DIES ist Besitz: daß uns vorüberflog
die Möglichkeit des Glücks. Nein, nicht einmal.
Un-Möglichkeit sogar; nur ein Vermuten,
daß dieser Sommer, dieser Gartensaal, –
daß die Musik hinklingender Minuten
unschuldig war, da sie uns rein betrog.

Du, schon Erwachsene, wie denk ich dein,
Nicht mehr wie einst, als ein bestürztes Kind,
nun, beinah wie ein Gott, in seiner Freude.
Wenn solche Stunden unvergänglich sind,
was dürfte dann das Leben für Gebäude
in uns errichten aus Geruch und Schein.

ICH finde dich in allen diesen Dingen,
denen ich gut und wie ein Bruder bin;
als Samen sonnst du dich in den geringen
und in den großen giebst du groß dich hin.

Das ist das wundersame Spiel der Kräfte,
daß sie so dienend durch die Dinge gehn:
in Wurzeln wachsend, schwindend in die Schäfte
und in den Wipfeln wie ein Auferstehn.

MEIN Leben ist nicht diese steile Stunde,
darin du mich so eilen siehst.
Ich bin ein Baum vor meinem Hintergrunde,
ich bin nur einer meiner vielen Munde
und jener, welcher sich am frühsten schließt.

Ich bin die Ruhe zwischen zweien Tönen,
die sich nur schlecht aneinander gewöhnen:
denn der Ton Tod will sich erhöhn –

Aber im dunklen Intervall versöhnen
sich beide zitternd.
Und das Lied bleibt schön.

Frühling ist wiedergekommen

Vorfrühling

HÄRTE schwand. Auf einmal legt sich Schonung
an der Wiesen aufgedecktes Grau.
Kleine Wasser ändern die Betonung.
Zärtlichkeiten, ungenau,

greifen nach der Erde aus dem Raum.
Wege gehen weit ins Land und zeigens.
Unvermutet siehst du seines Steigens
Ausdruck in dem leeren Baum.

Ein Frühlingswind

MIT diesem Wind kommt Schicksal; laß, o laß
es kommen, all das Drängende und Blinde,
von dem wir glühen werden –: alles das.
(Sei still und rühr dich nicht, daß es uns finde.)
O unser Schicksal kommt mit diesem Winde.

Von irgendwo bringt dieser neue Wind,
schwankend vom Tragen namenloser Dinge,
über das Meer her *was wir sind.*

...Wären wirs doch. So wären wir zuhaus.
(Die Himmel stiegen in uns auf und nieder.)
Aber mit diesem Wind geht immer wieder
Das Schicksal riesig über uns hinaus.

*FRÜHLING ist wiedergekommen. Die Erde
ist wie ein Kind, das Gedichte weiß;
viele, o viele... Für die Beschwerde
langen Lernens bekommt sie den Preis.*

*Streng war ihr Lehrer. Wir mochten das Weiße
an dem Barte des alten Manns.
Nun, wie das Grüne, das Blaue heiße,
dürfen wir fragen: sie kanns, sie kanns!*

*Erde, die frei hat, du glückliche, spiele
nun mit den Kindern. Wir wollen dich fangen,
fröhliche Erde. Dem Frohsten gelingts.*

*O, was der Lehrer sie lehrte, das Viele,
und was gedruckt steht in Wurzeln und langen
schwierigen Stämmen: sie singts, sie singts!*

ICH bin so jung. Ich möchte jedem Klange,
der mir vorüberrauscht, mich schaudernd schenken,
und willig in des Windes liebem Zwange,
wie Windendes über dem Gartengange,
will meine Sehnsucht ihre Ranken schwenken,

ES ist ja Frühling. Und der Garten glänzt
vor lauter Licht.
Die Zweige zittern zwar
in tiefer Luft, die Stille selber spricht,
und unser Garten ist wie ein Altar.

Der Abend atmet wie ein Angesicht,
und seine Lieblingswinde liegen dicht
wie deine Hände mir im Haar:
ich bin bekränzt.

Du aber siehst es nicht.
Und da sind alle Feste nichtmehr wahr.

Und jeder Rüstung bar will ich mich brüsten,
solang ich fühle, wie die Brust sich breitet.
Denn es ist Zeit, sich reisig auszurüsten,
wenn aus der frühen Kühle dieser Küsten
der Tag mich in die Binnenlande leitet.

Die Liebenden

SIEH, wie sie zu einander erwachsen:
in ihren Adern wird alles Geist.
Ihre Gestalten beben wie Achsen,
um die es heiß und hinreißend kreist.
Dürstende, und sie bekommen zu trinken,
Wache und sieh: sie bekommen zu sehn.
Laß sie ineinander sinken,
um einander zu überstehn.

IMMER wieder, ob wir der Liebe Landschaft auch kennen
und den kleinen Kirchhof mit seinen klagenden Namen
und die furchtbar verschweigende Schlucht, in welcher die andern
enden: immer wieder gehn wir zu zweien hinaus
unter die alten Bäume, lagern uns immer wieder
zwischen die Blumen, gegenüber dem Himmel.

Handinneres

INNRES der Hand. Sohle, die nicht mehr geht
als auf Gefühl. Die sich nach oben hält
und im Spiegel
himmlische Straßen empfängt, die selber
wandelnden.
Die gelernt hat, auf Wasser zu gehn,
wenn sie schöpft,
die auf den Brunnen geht,
aller Wege Verwandlerin.
Die auftritt in anderen Händen,
die ihresgleichen
zur Landschaft macht:
wandert und ankommt in ihnen,
sie anfüllt mit Ankunft.

Die Stille

HÖRST du Geliebte, ich hebe die Hände –
hörst du: es rauscht...
Welche Gebärde der Einsamen fände
sich nicht von vielen Dingen belauscht?
Hörst du, Geliebte, ich schließe die Lider,
und auch *das* ist Geräusch bis zu dir.
Hörst du, Geliebte, ich hebe sie wieder...
...aber warum bist du nicht hier.

Der Abdruck meiner kleinsten Bewegung
bleibt in der seidenen Stille sichtbar;
unvernichtbar drückt die geringste Erregung
in den gespannten Vorhang der Ferne sich ein.
Auf meinen Atemzügen heben und senken
die Sterne sich.
Zu meinen Lippen kommen die Düfte zur Tränke,
und ich erkenne die Handgelenke
entfernter Engel.
Nur die ich denke: Dich
seh ich nicht.

Die Liebende

JA ich sehne mich nach dir. Ich gleite
mich verlierend selbst mir aus der Hand,
ohne Hoffnung, daß ich Das bestreite,
was zu mir kommt wie aus deiner Seite
ernst und unbeirrt und unverwandt.
...jene Zeiten: O wie war ich Eines,
nichts was rief und nichts was mich verriet;
meine Stille war wie eines Steines,
über den der Bach sein Murmeln zieht.
Aber jetzt in diesen Frühlingswochen
hat mich etwas langsam abgebrochen
von dem unbewußten dunkeln Jahr.
Etwas hat mein armes warmes Leben
irgendeinem in die Hand gegeben,
der nicht weiß was ich noch gestern war.

Schlaflied

EINMAL wenn ich dich verlier,
wirst du schlafen können, ohne
daß ich wie eine Lindenkrone
mich verflüstre über dir?

Ohne daß ich hier wache und
Worte, beinah wie Augenlider,
auf deine Brüste, auf deine Glieder
niederlege, auf deinen Mund.

Ohne daß ich dich verschließ
und dich allein mit Deinem lasse
wie einen Garten mit einer Masse
von Melissen und Stern-Anis.

DIE Nacht holt heimlich durch des Vorhangs Falten
aus deinem Haar vergeßnen Sonnenschein.
Schau, ich will nichts, als deine Hände halten
und still und gut und voller Frieden sein.
Da wächst die Seele mir, bis sie in Scherben
den Alltag sprengt; sie wird so wunderweit:
An ihren morgenroten Molen sterben
die ersten Wellen der Unendlichkeit.

Liebes-Lied

WIE soll ich meine Seele halten, daß
sie nicht an deine rührt? Wie soll ich sie
hinheben über dich zu andern Dingen?
Ach gerne möcht ich sie bei irgendwas
Verlorenem im Dunkel unterbringen
an einer fremden stillen Stelle, die
nicht weiterschwingt, wenn deine Tiefen schwingen.
Doch alles, was uns anrührt, dich und mich,
nimmt uns zusammen wie ein Bogenstrich,
der aus zwei Saiten *eine* Stimme zieht.
Auf welches Instrument sind wir gespannt?
Und welcher Geiger hat uns in der Hand?
O süßes Lied.

Opfer

O WIE blüht mein Leib aus jeder Ader
duftender, seitdem ich dich erkenn;
sieh, ich gehe schlanker und gerader,
und du wartest nur–: wer bist du denn?

Sieh: ich fühle, wie ich mich entferne,
wie ich Altes, Blatt um Blatt, verlier.
Nur dein Lächeln steht wie lauter Sterne
über dir und bald auch über mir.

Alles was durch meine Kinderjahre
Namenlos noch und wie Wasser glänzt,
will ich nach dir nennen am Altare,
der entzündet ist von deinem Haare
und mit deinen Brüsten leicht bekränzt.

ICH möchte dir ein Liebes schenken,
das dich mir zur Vertrauten macht:
aus meinem Tag ein Deingedenken
und einen Traum aus meiner Nacht.
Mir ist, daß wir uns selig fänden
und daß du dann wie ein Geschmeid
mir löstest aus den müden Händen
die niebegehrte Zärtlichkeit.

Mondnacht

SÜDDEUTSCHE Nacht, ganz breit im reifen Monde,
und mild wie aller Märchen Wiederkehr.
Vom Turme fallen viele Stunden schwer
in ihre Tiefen nieder wie ins Meer, –
und dann ein Rauschen und ein Ruf der Ronde,

und eine Weile bleibt das Schweigen leer;
und eine Geige dann (Gott weiß woher)
erwacht und sagt ganz langsam:

Eine Blonde...

Unwillkürlich sehn sie seinem Spiel lange zu

Das Kind

UNWILLKÜRLICH sehn sie seinem Spiel
lange zu; zuweilen tritt das runde
seiende Gesicht aus dem Profil,
klar und ganz wie eine volle Stunde,

welche anhebt und zu Ende schlägt.
Doch die Andern zählen nicht die Schläge,
trüb von Mühsal und vom Leben träge;
und sie merken gar nicht, wie es trägt –,

wie es alles trägt, auch dann, noch immer,
wenn es müde in dem kleinen Kleid
neben ihnen wie im Wartezimmer
sitzt und warten will auf seine Zeit.

MANCHMAL noch empfind ich völlig jenen
Kinder-Jubel, ihn:
da ein Laufen von den Hügellehnen
schon wie Neigung schien.

Da Geliebt-Sein noch nicht band und mühte,
und beim Nachtlicht-Schein
sich das Aug schloß wie die blaue Blüte
von dem blauen Lein.

Und da Lieben noch ein blindes Breiten
halber Arme war –,
nie so ganz um Einen, um den Zweiten:
offen, arm und klar.

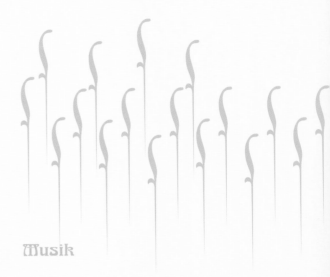

Musik

WAS spielst du, Knabe? Durch die Gärten gings
wie viele Schritte, flüsternde Befehle.
Was spielst du, Knabe? Siehe deine Seele
verfing sich in den Stäben der Syrinx.

Was lockst du sie? Der Klang ist wie ein Kerker,
darin sie sich versäumt und sich versehnt;
stark ist dein Leben, doch dein Lied ist stärker,
an deine Sehnsucht schluchzend angelehnt. –

Gieb ihr ein Schweigen, daß die Seele leise
heimkehre in das Flutende und Viele,
darin sie lebte, wachsend, weit und weise,
eh du sie zwangst in deine zarten Spiele.

Wie sie schon matter mit den Flügeln schlägt:
so wirst du, Träumer, ihren Flug vergeuden,
daß ihre Schwinge, vom Gesang zersägt,
sie nicht mehr über meine Mauern trägt,
wenn ich sie rufen werde zu den Freuden.

Der Knabe

ICH möchte einer werden so wie die,
die durch die Nacht mit wilden Pferden fahren,
mit Fackeln, die gleich aufgegangnen Haaren
in ihres Jagens großem Winde wehn.
Vorn möcht ich stehen wie in einem Kahne,
groß und wie eine Fahne aufgerollt.
Dunkel, aber mit einem Helm von Gold,
der unruhig glänzt. Und hinter mir gereiht
zehn Männer aus derselben Dunkelheit
mit Helmen, die, wie meiner, unstät sind,
bald klar wie Glas, bald dunkel, alt und blind.
Und einer steht bei mir und bläst uns Raum
mit der Trompete, welche blitzt und schreit,
und bläst uns eine schwarze Einsamkeit,
durch die wir rasen wie ein rascher Traum:
die Häuser fallen hinter uns ins Knie,
die Gassen biegen sich uns schief entgegen,
die Plätze weichen aus: wir fassen sie,
und unsre Rosse rauschen wie ein Regen.

Kindheit

ES wäre gut viel nachzudenken, um
von so Verlornem etwas auszusagen,
von jenen langen Kindheit-Nachmittagen,
die so nie wiederkamen – und warum?

Noch mahnt es uns –: vielleicht in einem Regnen,
aber wir wissen nicht mehr was das soll;
nie wieder war das Leben von Begegnen,
von Wiedersehn und Weitergehn so voll

wie damals, da uns nichts geschah als nur
was einem Ding geschieht und einem Tiere:
da lebten wir, wie Menschliches, das Ihre
und wurden bis zum Rande voll Figur.

Und wurden so vereinsamt wie ein Hirt
und so mit großen Fernen überladen
und wie von weit berufen und berührt
und langsam wie ein langer neuer Faden
in jene Bilder-Folgen eingeführt,
in welchen nun zu dauern uns verwirrt.

Gestern hab ich im Traum gesehn

GESTERN hab ich im Traum gesehn
einen Stern in der Stille stehn.
Und ich fühlte: Madonna sprach:
Diesem Stern in der Nacht blüh nach.

Und ich nahm alle Kraft zu Rat.
Grad und schlank aus des Hemdes Schnee
streckte ich mich. – Und das Blühen tat
mir auf einmal weh...

Der Schutzengel

DU bist der Vogel, dessen Flügel kamen,
wenn ich erwachte in der Nacht und rief.
Nur mit den Armen rief ich, denn dein Namen
ist wie ein Abgrund, tausend Nächte tief.
Du bist der Schatten, drin ich still entschlief,
und jeden Traum ersinnt in mir dein Samen, –
du bist das Bild, ich aber bin der Rahmen,
der dich ergänzt in glänzendem Relief.

Wie nenn ich dich? Sieh, meine Lippen lahmen.
Du bist der Anfang, der sich groß ergießt,
ich bin das langsame und bange Amen,
das deine Schönheit scheu beschließt.

Du hast mich oft aus dunklem Ruhn gerissen,
wenn mir das Schlafen wie ein Grab erschien
und wie Verlorengehen und Entfliehn, –
da hobst du mich aus Herzensfinsternissen
und wolltest mich auf allen Türmen hissen
wie Scharlachfahnen und wie Draperien.
Du: der von Wundern redet wie vom Wissen
und von den Menschen wie von Melodien
und von den Rosen: von Ereignissen,
die flammend sich in deinem Blick vollziehn, –
du Seliger, wann nennst du einmal Ihn,
aus dessen siebentem und letztem Tage
noch immer Glanz auf deinem Flügelschlage
verloren liegt...
Befiehlst du, daß ich frage?

Die Engel

SIE haben alle müde Münde
und helle Seelen ohne Saum.
Und eine Sehnsucht (wie nach Sünde)
geht ihnen manchmal durch den Traum.

Fast gleichen sie einander alle;
in Gottes Gärten schweigen sie,
wie viele, viele Intervalle
in seiner Macht und Melodie.

Nur wenn sie ihre Flügel breiten,
sind sie die Wecker eines Winds:
als ginge Gott mit seinen weiten
Bildhauerhänden durch die Seiten
im dunklen Buch des Anbeginns.

DASS ich die Früchte beschrieb,
kams vielleicht durch dein Bücken
zum Erdbeerbeet;
und wenn keine Blume in mir vergeht,
ist es vielleicht, weil Freude dich trieb,
eine zu pflücken?

Ich weiß, wie du liefst,
und plötzlich, du Atemlose,
warst du wartend mir zugewandt.
Ich saß bei dir, da du schliefst;
deine linke Hand
lag wie eine Rose.

WER, wenn ich schriee, hörte mich denn aus der Engel
Ordnungen? und gesetzt selbst, es nähme
einer mich plötzlich ans Herz: ich verginge von seinem
stärkeren Dasein. Denn das Schöne ist nichts
als des Schrecklichen Anfang, den wir noch grade ertragen,
und wir bewundern es so, weil es gelassen verschmäht,
uns zu zerstören. Ein jeder Engel ist schrecklich.
Und so verhalt ich mich denn und verschlucke den Lockruf
dunkelen Schluchzens. Ach, wen vermögen
wir denn zu brauchen? Engel nicht, Menschen nicht,
und die findigen Tiere merken es schon,
daß wir nicht sehr verläßlich zu Haus sind
in der gedeuteten Welt. Es bleibt uns vielleicht
irgend ein Baum an dem Abhang, daß wir ihn täglich
wiedersähen; es bleibt uns die Straße von gestern
und das verzogene Treusein einer Gewohnheit,
der es bei uns gefiel, und so blieb sie und ging nicht.
O und die Nacht, die Nacht, wenn der Wind voller Weltraum
uns am Angesicht zehrt –, wem bliebe sie nicht, die ersehnte,
sanft enttäuschende, welche dem einzelnen Herzen
mühsam bevorsteht. Ist sie den Liebenden leichter?
Ach, sie verdecken sich nur mit einander ihr Los.
Weißt du's *noch* nicht? Wirf aus den Armen die Leere
zu den Räumen hinzu, die wir atmen; vielleicht daß die Vögel
die erweiterte Luft fühlen mit innigerm Flug.

Die Blätter fallen, fallen wie von weit

Herbst

DIE Blätter fallen, fallen wie von weit,
als welkten in den Himmeln ferne Gärten;
sie fallen mit verneinender Gebärde.

Und in den Nächten fällt die schwere Erde
aus allen Sternen in die Einsamkeit.

Wir alle fallen. Diese Hand da fällt.
Und sieh dir andre an: es ist in allen.

Und doch ist Einer, welcher dieses Fallen
unendlich sanft in seinen Händen hält.

Herbsttag

HERR: es ist Zeit. Der Sommer war sehr groß.
Leg deinen Schatten auf die Sonnenuhren,
und auf den Fluren laß die Winde los.

Befiehl den letzten Früchten voll zu sein;
gieb ihnen noch zwei südlichere Tage,
dränge sie zur Vollendung hin und jage
die letzte Süße in den schweren Wein.

Wer jetzt kein Haus hat, baut sich keines mehr.
Wer jetzt allein ist, wird es lange bleiben,
wird wachen, lesen, lange Briefe schreiben

Der Apfelgarten

Borgeby-Gård

KOMM gleich nach dem Sonnenuntergange,
sieh das Abendgrün des Rasengrunds;
ist es nicht, als hätten wir es lange
angesammelt und erspart in uns,

um es jetzt aus Fühlen und Erinnern,
neuer Hoffnung, halbvergeßnem Freun,
noch vermischt mit Dunkel aus dem Innern,
in Gedanken vor uns hinzustreun

unter Bäume wie von Dürer, die
das Gewicht von hundert Arbeitstagen
in den überfüllten Früchten tragen,
dienend, voll Geduld, versuchend, wie

das, was alle Maße übersteigt,
noch zu heben ist und hinzugeben,
wenn man willig, durch ein langes Leben
nur das Eine will und wächst und schweigt.

Die Parke

UNAUFHALTSAM heben sich die Parke
aus dem sanft zerfallenden Vergehn;
überhäuft mit Himmeln, überstarke
Überlieferte, die überstehn,

um sich auf den klaren Rasenplänen
auszubreiten und zurückzuziehen,
immer mit demselben souveränen
Aufwand, wie beschützt durch ihn,

und den unerschöpflichen Erlös
königlicher Größe noch vermehrend,
aus sich steigend, in sich wiederkehrend:
huldvoll, prunkend, purpurn und pompös.

Erinnerung

UND du wartest, erwartest das Eine,
das dein Leben unendlich vermehrt;
das Mächtige, Ungemeine,
das Erwachen der Steine,
Tiefen, dir zugekehrt.

Es dämmern im Bücherständer
die Bände in Gold und Braun;
und du denkst an durchfahrene Länder,
an Bilder, an die Gewänder
wiederverlorener Fraun.

Und da weißt du auf einmal: das war es.
Du erhebst dich, und vor dir steht
eines vergangenen Jahres
Angst und Gestalt und Gebet.

Ernste Stunde

Der Panther

Im Jardin des Plantes, Paris

SEIN Blick ist vom Vorübergehn der Stäbe
so müd geworden, daß er nichts mehr hält.
Ihm ist, als ob es tausend Stäbe gäbe
und hinter tausend Stäben keine Welt.

Der weiche Gang geschmeidig starker Schritte,
der sich im allerkleinsten Kreise dreht,
ist wie ein Tanz von Kraft um eine Mitte,
in der betäubt ein großer Wille steht.

Nur manchmal schiebt der Vorhang der Pupille
sich lautlos auf –. Dann geht ein Bild hinein,
geht durch der Glieder angespannte Stille –
und hört im Herzen auf zu sein.

Ernste Stunde

WER jetzt weint irgendwo in der Welt,
ohne Grund weint in der Welt,
weint über mich.

Wer jetzt lacht irgendwo in der Nacht,
ohne Grund lacht in der Nacht,
lacht mich aus.

Wer jetzt geht irgendwo in der Welt,
ohne Grund geht in der Welt,
geht zu mir.

Wer jetzt stirbt irgendwo in der Welt,
ohne Grund stirbt in der Welt:
sieht mich an.

Die Gazlle

Gazella Dorcas

VERZAUBERTE: wie kann der Einklang zweier
erwählter Worte je den Reim erreichen,
der in dir kommt und geht, wie auf ein Zeichen.
Aus deiner Stirne steigen Laub und Leier,

und alles Deine geht schon im Vergleich
durch Liebeslieder, deren Worte, weich
wie Rosenblätter, dem, der nicht mehr liest,
sich auf die Augen legen, die er schließt:

um dich zu sehen: hingetragen, als
wäre mit Sprüngen jeder Lauf geladen
und schösse nur nicht ab, solang der Hals

das Haupt ins Horchen hält: wie wenn beim Baden
im Wald die Badende sich unterbricht:
den Waldsee im gewendeten Gesicht.

DU bist so fremd, du bist so bleich.
Nur manchmal glüht auf deinen Wangen
ein hoffnungsloses Heimverlangen
nach dem verlornen Rosenreich.

Dann sehnt dein Auge, tief und klar,
aus allem Müssen, allem Mühen
ins Land, wo nichts als stilles Blühen
die Arbeit deiner Hände war.

Abend

DER Abend wechselt langsam die *Gewänder*,
  die ihm ein Rand von alten Bäumen hält;
du schaust: und von dir scheiden sich die Länder,
  ein himmelfahrendes und eins, das fällt;

und lassen dich, zu keinem ganz gehörend,
nicht ganz so dunkel wie das Haus, das schweigt,
nicht ganz so sicher Ewiges beschwörend
wie das, was Stern wird jede Nacht und steigt –

und lassen dir (unsäglich zu entwirrn)
dein Leben bang und riesenhaft und reifend,
so daß es, bald begrenzt und bald begreifend,
abwechselnd Stein in dir wird und Gestirn.

Der Einsame

NEIN: ein Turm soll sein aus meinem Herzen
und ich selbst an seinen Rand gestellt:
wo sonst nichts mehr ist, noch einmal Schmerzen
und Unsäglichkeit, noch einmal Welt.

Noch ein Ding allein im Übergroßen,
welches dunkel wird und wieder licht,
noch ein letztes, sehnendes Gesicht
in das Nie-zu-Stillende verstoßen,

noch ein äußerstes Gesicht aus Stein,
willig seinen inneren Gewichten,
das die Weiten, die es still vernichten,
zwingen, immer seliger zu sein.

Einsamkeit

DIE Einsamkeit ist wie ein Regen.
Sie steigt vom Meer den Abenden entgegen;
von Ebenen, die fern sind und entlegen,
geht sie zum Himmel, der sie immer hat.
Und erst vom Himmel fällt sie auf die Stadt.

Regnet hernieder in den Zwitterstunden,
wenn sich nach Morgen wenden alle Gassen
und wenn die Leiber, welche nichts gefunden,
enttäuscht und traurig von einander lassen;
und wenn die Menschen, die einander hassen,
in einem Bett zusammen schlafen müssen:

dann geht die Einsamkeit mit den Flüssen...

Der Tod der Geliebten

ER wußte nur vom Tod was alle wissen:
daß er uns nimmt und in das Stumme stößt.
Als aber sie, nicht von ihm fortgerissen,
nein, leis aus seinen Augen ausgelöst,

hinüberglitt zu unbekannten Schatten,
und als er fühlte, daß sie drüben nun
wie einen Mond ihr Mädchenlächeln hatten
und ihre Weise wohlzutun:

da wurden ihm die Toten so bekannt,
als wäre er durch sie mit einem jeden
ganz nah verwandt; er ließ die andern reden

und glaubte nicht und nannte jenes Land
das gutgelegene, das immersüße –
Und tastete es ab für ihre Füße.

Schluszstück

DER Tod ist groß.
Wir sind die Seinen
lachenden Munds.
Wenn wir uns mitten im Leben meinen,
wagt er zu weinen
mitten in uns.

Wer du auch seist

Eingang

WER du auch seist: am Abend tritt hinaus
aus deiner Stube, drin du alles weißt;
als letztes vor der Ferne liegt dein Haus:
wer du auch seist.
Mit deinen Augen, welche müde kaum
von der verbrauchten Schwelle sich befrein,
hebst du ganz langsam einen schwarzen Baum
und stellst ihn vor den Himmel: schlank, allein.
Und hast die Welt gemacht. Und sie ist groß
und wie ein Wort, das noch im Schweigen reift.
Und wie dein Wille ihren Sinn begreift,
lassen sie deine Augen zärtlich los...

MIR ist, als ob ich alles Licht verlöre.
Der Abend naht und heimlich wird das Haus;
ich breite einsam beide Arme aus,
und keiner sagt mir, wo ich hingehöre.

Wozu hab ich am Tage alle Pracht
gesammelt in den Gärten und den Gassen,
kann ich dir zeigen nicht in meiner Nacht,
wie mich der neue Reichtum größer macht
und wie mir alle Kronen passen?

Abend in Skåne

DER Park ist hoch. Und wie aus einem Haus
tret ich aus seiner Dämmerung heraus
in Ebene und Abend. In den Wind,
denselben Wind, den auch die Wolken fühlen,
die hellen Flüsse und die Flügelmühlen,
die langsam mahlend stehn am Himmelsrand.
Jetzt bin auch ich ein Ding in seiner Hand,
das kleinste unter diesen Himmeln. – Schau:

Ist das Ein Himmel?:
Selig lichtes Blau,
in das sich immer reinere Wolken drängen,
Und drunter alle Weiß in Übergängen,
und drüber jenes dünne, große Grau,
warmwallend wie auf roter Untermalung,
und über allem diese stille Strahlung
sinkender Sonne.

Wunderlicher Bau,
in sich bewegt und von sich selbst gehalten,
Gestalten bildend, Riesenflügel, Falten
und Hochgebirge vor den ersten Sternen
und plötzlich, da: ein Tor in solche Fernen,
wie sie vielleicht mir Vögel kennen...

Am Rande der Nacht

MEINE Stube und diese Weite,
wach über nachtendem Land, –
ist Eines. Ich bin eine Saite,
über rauschende breite
Resonanzen gespannt.

Die Dinge sind Geigenleiber,
von murrendem Dunkel voll;
drin träumt das Weinen der Weiber,
drin rührt sich im Schlafe der Groll
ganzer Geschlechter...

Ich soll
silbern erzittern: dann wird
Alles unter mir leben,
und was in den Dingen irrt,
wird nach dem Lichte streben,
das von meinem tanzenden Tone,
um welchen der Himmel wellt,
durch schmale, schmachtende Spalten
in die alten
Abgründe ohne
Ende fällt...

Landschaft

WIE zuletzt, in einem Augenblick
aufgehäuft aus Hängen, Häusern, Stücken
alter Himmel und zerbrochnen Brücken,
und von drüben her, wie vom Geschick,
von dem Sonnenuntergang getroffen,
angeschuldigt, aufgerissen, offen –
ginge dort die Ortschaft tragisch aus:

fiele nicht auf einmal in das Wunde,
drin zerfließend, aus der nächsten Stunde
jener Tropfen kühlen Blaus,
der die Nacht schon in den Abend mischt,
so daß das von ferne Angefachte
sachte, wie erlöst, erlischt.

Ruhig sind die Tore und die Bogen,
durchsichtige Wolken wogen
über blassen Häuserreihn
die schon Dunkel in sich eingesogen;
aber plötzlich ist vom Mond ein Schein
durchgeglitten, licht, als hätte ein
Erzengel irgendwo sein Schwert gezogen.

Buddha

SCHON von ferne fühlt der fremde scheue
Pilger, wie es golden von ihm träuft;
so als hätten Reiche voller Reue
ihre Heimlichkeiten aufgehäuft.

Aber näher kommend wird er irre
vor der Hoheit dieser Augenbraun:
denn das sind nicht ihre Trinkgeschirre
und die Ohrgehänge ihrer Fraun.

Wüßte einer denn zu sagen, welche
Dinge eingeschmolzen wurden, um
dieses Bild auf diesem Blumenkelche

aufzurichten: stummer, ruhiggelber
als ein goldenes und rundherum
auch den Raum berührend wie sich selber.

Lied vom Meer

Lied vom Meer

Capri. Piccola Marina

URALTES Wehn vom Meer,
Meerwind bei Nacht:
du kommst zu keinem her;
wenn einer wacht,
so muß er sehn, wie er
dich übersteht:

uraltes Wehn vom Meer
welches weht
nur wie für Ur-Gestein,
lauter Raum
reißend von weit herein...

O wie fühlt dich ein
treibender Feigenbaum
oben im Mondschein.

ATMEN, du unsichtbares Gedicht!
Immerfort um das eigne
Sein rein eingetauschter Weltraum. Gegengewicht,
in dem ich mich rhythmisch ereigne.

Einzige Welle, deren
allmähliches Meer ich bin;
sparsamstes du von allen möglichen Meeren, –
Raumgewinn.

Wieviele von diesen Stellen der Räume waren schon
innen in mir. Manche Winde
sind wie mein Sohn.

Erkennst du mich, Luft, du, voll noch einst meiniger Orte?
Du, einmal glatte Rinde,
Rundung und Blatt meiner Worte.

Ende des Herbstes

ICH sehe seit einer Zeit,
wie alles sich verwandelt.
Etwas steht auf und handelt
und tötet und tut Leid.

Von Mal zu Mal sind all
die Gärten nicht dieselben;
von den gilbenden zu der gelben
langsamem Verfall:
wie war der Weg mir weit.

Jetzt bin ich bei den leeren
und schaue durch alle Alleen.
Fast bis zu den fernen Meeren
kann ich den ernsten schweren
verwehrenden Himmel sehn.

Vorgefühl

ICH bin wie eine Fahne von Fernen umgeben.
Ich ahne die Winde, die kommen, und muß sie leben,
während die Dinge unten sich noch nicht rühren:
die Türen schließen noch sanft, und in den Kaminen ist Stille;
die Fenster zittern noch nicht, und der Staub ist noch schwer.

Da weiß ich die Stürme schon und bin erregt wie das Meer.
Und breite mich aus und falle in mich hinein
und werfe mich ab und bin ganz allein
in dem großen Sturm.

Und dann und wann ein weisser Elefant

Das Karussell
Jardin du Luxembourg

MIT einem Dach und seinem Schatten dreht
sich eine kleine Weile der Bestand
von bunten Pferden, alle aus dem Land,
das lange zögert, eh es untergeht.
Zwar manche sind an Wagen angespannt,
doch alle haben Mut in ihren Mienen;
ein böser roter Löwe geht mit ihnen
und dann und wann ein weißer Elefant.

Sogar ein Hirsch ist da, ganz wie im Wald,
nur daß er einen Sattel trägt und drüber
ein kleines blaues Mädchen aufgeschnallt.

Und auf dem Löwen reitet weiß ein Junge
und hält sich mit der kleinen heißen Hand,
dieweil der Löwe Zähne zeigt und Zunge.

Und dann und wann ein weißer Elefant.

Und auf den Pferden kommen sie vorüber,
auch Mädchen, helle, diesem Pferdesprunge
fast schon entwachsen; mitten in dem Schwunge
schauen sie auf, irgendwohin, herüber –

Und dann und wann ein weißer Elefant.
Und das geht hin und eilt sich, daß es endet,
und kreist und dreht sich nur und hat kein Ziel.
Ein Rot, ein Grün, ein Grau vorbeigesendet,
ein kleines kaum begonnenes Profil –.
Und manchesmal ein Lächeln, hergewendet,
ein seliges, das blendet und verschwendet
an dieses atemlose Spiel...

Spanische Tänzerin

WIE in der Hand ein Schwefelzündholz, weiß,
eh es zur Flamme kommt, nach allen Seiten
zuckende Zungen streckt –: beginnt im Kreis
naher Beschauer hastig, hell und heiß
ihr runder Tanz sich zuckend auszubreiten.

Und plötzlich ist er Flamme, ganz und gar.

Mit einem Blick entzündet sie ihr Haar
und dreht auf einmal mit gewagter Kunst
ihr ganzes Kleid in diese Feuersbrunst,
aus welcher sich, wie Schlangen die erschrecken,
die nackten Arme wach und klappernd strecken.

Und dann: als würde ihr das Feuer knapp,
nimmt sie es ganz zusamm und wirft es ab
sehr herrisch, mit hochmütiger Gebärde
und schaut: da liegt es rasend auf der Erde
und flammt noch immer und ergibt sich nicht –.
Doch sieghaft, sicher und mit einem süßen
grüßenden Lächeln hebt sie ihr Gesicht
und stampft es aus mit kleinen festen Füßen.

Römische Fontäne

Borghese

ZWEI Becken, eins das andre übersteigend
aus einem alten runden Marmorrand,
und aus dem oberen Wasser leis sich neigend
zum Wasser, welches unten wartend stand,

dem leise redenden entgegenschweigend
und heimlich, gleichsam in der hohlen Hand,
ihm Himmel hinter Grün und Dunkel zeigend
wie einen unbekannten Gegenstand;

sich selber ruhig in der schönen Schale
verbreitend ohne Heimweh, Kreis aus Kreis,
nur manchmal träumerisch und tropfenweis

sich niederlassend an den Moosbehängen
zum letzten Spiegel, der sein Becken leis
von unten lächeln macht mit Übergängen.

Pont du Carrousel

DER blinde Mann, der auf der Brücke steht,
grau wie ein Markstein namenloser Reiche,
er ist vielleicht das Ding, das immer gleiche,
um das von fern die Sternenstunde geht,
und der Gestirne stiller Mittelpunkt.
Denn alles um ihn irrt und rinnt und prunkt.

Er ist der unbewegliche Gerechte,
in viele wirre Wege hingestellt;
der dunkle Eingang in die Unterwelt
bei einem oberflächlichen Geschlechte.

Papageien-Park

Jardin des Plantes, Paris

UNTER türkischen Linden, die blühen, an Rasenrändern,
in leise von ihrem Heimweh geschaukelten Ständern
atmen die Ara und wissen von ihren Ländern,
die sich, auch wenn sie nicht hinsehn, nicht verändern.

Fremd im beschäftigten Grünen wie eine Parade,
zieren sie sich und fühlen sich selber zu schade,
und mit den kostbaren Schnäbeln aus Jaspis und Jade
kauen sie Graues, verschleudern es, finden es fade.

Unten klauben die duffen Tauben, was sie nicht mögen,
während sich oben die höhnischen Vögel verbeugen
zwischen den beiden fast leeren vergeudeten Trögen.

Aber dann wiegen sie wieder und schläfern und äugen,
spielen mit dunkelen Zungen, die gerne lögen,
zerstreut an den Fußfesselringen. Warten auf Zeugen.

Blaue Hortensie

SO wie das letzte Grün in Farbentiegeln
sind diese Blätter, trocken, stumpf und rauh,
hinter den Blütendolden, die ein Blau
nicht auf sich tragen, nur von ferne spiegeln.

Sie spiegeln es verweint und ungenau,
als wollten sie es wiederum verlieren,
und wie in alten blauen Briefpapieren
ist Gelb in ihnen, Violett und Grau;

Verwaschnes wie an einer Kinderschürze,
Nichtmehrgetragnes, dem nichts mehr geschieht:
wie fühlt man eines kleinen Lebens Kürze.

Doch plötzlich scheint das Blau sich zu verneuern
in einer von den Dolden, und man sieht
ein rührend Blaues sich vor Grünem freuen.

die Dichter

Johann Wolfgang von Goethe

der Krönung Josephs II. 1764. Mit 16 Jahren, am 30. September 1765, verlässt Goethe Frankfurt und nimmt in Leipzig das Studium der Rechtswissenschaften auf. Nebenbei besucht er philosophische und literaturwissenschaftliche Vorlesungen. Sein besonderes Interesse gilt Lessing und der Aufklärung, er bleibt aber auch der Empfindsamkeit verhaftet, beschäftigt sich mit Klopstock, Mystik und Seelenforschung. Außerdem nimmt er Zeichenunterricht bei Adam F. Oeser. Im August 1768 zwingt ihn eine schwere Krankheit zur Rückkehr nach Frankfurt. Nach einer eineinhalbjährigen Rekonvaleszenz, während der er sich eingehend mit religiöser Lektüre befasst, beendet Goethe sein Studium in Straßburg. Er knüpft dort unter anderem Kontakt zu Johann Gottfried von Herder und macht Bekanntschaft mit Friederike Brion. Die *Sesenheimer Lieder, Willkommen und Abschied, Maifest* und *Heidenröslein* sind ihr gewidmet. War sein Interesse an Natur bislang vor allem lyrisch, hört er aber ab seiner Straßburger Zeit auch naturwissenschaftliche und medizinische Vorlesungen. Das Interesse an diesen Themen wird ihn zeitlebens begleiten.

Nach seiner Promotion wird Goethe in Frankfurt am 31. August 1771 als Advokat zugelassen, beendet seine Laufbahn aber schon nach wenigen Monaten, um sich verstärkt der Dichtung zu widmen. Er vollendet in der Folge die Urfassung von *Goetz von Berlichingen*. Als Praktikant am Reichskammergericht in Wetzlar macht Goethe Bekanntschaft mit Charlotte Buff. Die unerfüllte Liebe zu ihr veranlasst ihn zu seinem Roman *Die Leiden des jungen Werthers*, das Werk, das ihn schlagartig berühmt macht. In dieser Zeit entstehen unter anderem auch die später von Franz Schubert vertonten Hymnen *Ganymed, Prometheus* und *An Schwager Kronos*.

Johann Wolfgang Goethe wird am 28. August 1749 in Frankfurt am Main geboren. Seine Familie ist recht wohlhabend und streng lutherisch. Goethe wächst im Haus am Großen Hirschgraben zusammen mit seiner jüngeren Schwester Cornelia Friderike auf, die vier jüngeren Geschwister waren bereits früh gestorben. Zusammen mit seiner Schwester erhält er Privatunterricht. Bereits als Kind begeistert sich Johann Wolfgang für Literatur und Theater. Seine Jugend ist auch geprägt von bedeutenden historischen Ereignissen: der Besetzung Frankfurts durch die Franzosen 1759 und

Auf Einladung von Herzog Karl August geht Goethe Ende des Jahres 1775 nach Weimar, dort wird er zum Geheimen Legationsrat ernannt. Die einflussreiche Herzogin Anna Amalia sammelt in Weimar bedeutende deutsche Schriftsteller um sich, Goethe trifft dort auch auf Christoph Martin Wieland. Sechs Jahre lang wohnt Goethe in einem Gartenhaus an der Ilm. In Weimar lernt er Charlotte von Stein kennen und entwickelt eine enge Beziehung zu ihr. Seine Werke, die bis dahin vom so genannten *Sturm und Drang* geprägt waren, wenden sich mit *Iphigenie auf Tauris* (1779) dem Humanismus zu. Gleichzeitig setzt er seine Studien der Naturwissenschaft fort. In der Botanik auf den Spuren Linnés, in der Optik und seiner Farbenlehre als Gegner Issak Newtons; sein Interesse an Geologie und Mineralogie wächst mit der ihm übertragenen Aufsicht über den Illmenauer Bergbau. 1784 entdeckt er den Zwischenkieferknochen, eine Leistung, die noch heute Bestand hat. Zwei Jahre zuvor bezieht er das Haus am Frauenplan, im selben Jahr erhebt ihn Kaiser Joseph II. in den Adelsstand.

Im Herbst des Jahres 1786 bricht Goethe heimlich zu einer Italienreise auf. Die Gründe für diese Flucht liegen in seinen dienstlichen Verpflichtungen, die er als immer drückender empfindet, und seiner zunehmenden Entfremdung von Charlotte. Das Ziel seiner Reise ist Rom, wo er Bekanntschaft mit dem Maler Heinrich Tischbein macht. Er beschäftigt sich mit antiker Bildhauerei und Malerei und widmet sich seinen literarischen Werken *Iphigenie*, *Tasso*, *Faust* und *Egmont*, den er 1788 fertig stellt. In Palermo glaubt er die »Urpflanze« zu finden, sein Symbol für ein universales Bildungsgesetz.

Nach seiner Rückkehr nach Weimar im Juni 1788 lernt Goethe die 23-jährige Christiane Vulpius kennen. Sie wird seine Lebensgefährtin, im Dezember 1789 wird ihr gemeinsamer Sohn August geboren, das einzige überlebende von fünf Kindern. In Rudolstadt kommt es im gleichen Jahr zu einer ersten Begegnung mit Friedrich Schiller. Durch die Mitarbeit an Schillers Zeitschrift *Die Horen* entwickelt sich zwischen den beiden eine enge Freundschaft. Schiller ist es dann auch, der Goethe zur Vollendung des *Faust* drängt. Die Zusammenarbeit der beiden Dichter bringt einen neuen Stil hervor: die *Weimarer Klassik*. Schillers Tod am 9. Mai 1805 stellt einen tiefen Einschnitt in Goethes Leben dar.

Nach Schillers Tod setzt sich Goethe ab 1806 intensiv mit der Romantik auseinander. Im April 1806 schließt er den ersten Teil des *Faust* ab, im gleichen Jahr heiratet er auch Christiane Vulpius. Er beginnt mit der Arbeit an *Wilhelm Meisters Wanderjahre*, 1811 erscheint der erste Teil seiner Autobiographie *Dichtung und Wahrheit*, ein Jahr später vollendet er den zweiten Teil.
Im Dezember 1815 wird Goethe mit dem Amt eines Staatsministers betraut, im Jahr darauf stirbt seine Frau Christiane. Er zieht sich immer mehr aus dem öffentlichen Leben zurück und widmet sich hauptsächlich seinen Werken.

1830 erscheint der vierte und letzte Teil seiner Autobiographie, 1831 vollendet er den zweiten Teil des *Faust*.

Am 22. März 1832 stirbt Goethe in Weimar, er wird neben Schiller in der Fürstengruft beigesetzt.

Andrea Weißenbach

friedrich von schiller

Im Jahr 1773 tritt Schiller auf Befehl Herzog Karl Eugens in die Karlsschule ein, eine Militärakademie im Schloss Solitude bei Stuttgart. Dort nimmt er zunächst ein Jura-Studium auf, nach dem Umzug der Akademie nach Stuttgart 1775 wechselt er das Studienfach und wendet sich dem Studium der Medizin zu, das er 1780 mit einer Dissertation abschließt. Während seines Studiums befasst er sich intensiv mit den Werken Shakespeares, Rousseaus und Klopstocks. Im Jahr 1776 entstehen die ersten Szenen seines Theaterstücks *Die Räuber,* das er fünf Jahre später vollendet und anonym drucken lässt. Das ganz vom Sturm-und-Drang geprägte Drama mit seiner leidenschaftlich verfochtenen Freiheitsidee erregt noch vor der Uraufführung großes Aufsehen und macht ihn zum Idol der Jugend dieser Zeit. Schiller wohnt der umjubelten Uraufführung am 13. Januar 1782 im Mannheimer Hof- und Nationaltheater ungeachtet des Verbots durch Herzog Karl Eugen bei. Dieser lässt den Dichter daraufhin für vierzehn Tage ins Gefängnis werfen und verbietet ihm bis auf Weiteres das Schreiben. Noch im selben Jahr flieht Schiller in der Nacht vom 22. auf den 23. September mit seinem Freund Andreas Streicher aus Stuttgart nach Mannheim. Im Dezember 1782 erhält er dann auf Vermittlung eines Studienfreundes Unterkunft im thüringischen Bauerbach, wo er auch mit dem Drama *Don Karlos* beginnt.

Schiller kehrt im Juli 1783 auf Einladung des Theaterintendanten Dalberg nach Mannheim zurück und erhält dort die Stelle eines Theaterdichters. Seine Werke *Die Verschwörung des Fiesco zu Genua* und *Kabale und Liebe* werden hier im Jahr 1784 uraufgeführt. Schillers Wirken als Theaterdichter findet nach nur einem Jahr ein jähes Ende, sein Vertrag wird auf Betreiben Dalbergs nicht verlängert. In der Folge verschuldet sich Schiller hoch,

Johann Christoph Friedrich von Schiller wird am 10. November 1759 als Sohn des Offiziers Johann Caspar Schiller und der Elisabeth Dorothea Schiller, geb. Kodweiß, in Marbach am Neckar geboren. Er ist das zweite von sechs Kindern und der einzige Sohn der Familie. Nach einem zweijährigen Aufenthalt in Lorch siedelt die Familie 1766 nach Ludwigsburg um. Im gleichen Jahr tritt Friedrich in die dortige Lateinschule ein, nachdem er bereits in Lorch Elementarunterricht erhalten hatte. Schon im Alter von dreizehn Jahren verfasst er zwei Theaterstücke, *Absalon* und *Die Christen*, die heute nicht mehr erhalten sind.

erst durch die Hilfe Christian Gottfried Körners kann er sich aus seiner finanziellen Misere befreien. Körner ist es auch, der nach dem Tod des Dichters dessen Gesamtwerk herausgibt.

Im Juli 1787 reist Schiller nach Weimar und trifft dort auf Herder und Wieland, sein Drama *Don Karlos* wird im selben Jahr veröffentlicht und uraufgeführt. Im Jahr darauf kommt es im Garten der Familie Lengefeld in Rudolstadt zu einer ersten Begegnung mit Goethe.

In Jena nimmt Schiller 1789 eine Professur als Historiker an, seine unbezahlte Lehrtätigkeit dort löst große Begeisterung unter den Studenten aus und erregt großes Aufsehen in der Stadt. Am 22. Februar 1790 heiratet er Charlotte von Lengefeld, noch im selben Jahr verleiht ihm Herzog Georg I. den Titel Hofrat. Das private und berufliche Glück Schillers erfährt jedoch schon bald einen herben Einschnitt, als er im Jahr darauf lebensgefährlich erkrankt. Vermutlich eine Tuberkulose-Erkrankung, von der er zeitlebens nicht mehr genesen wird, führt zu einem Zusammenbruch und weiteren krampfartigen Anfällen. Am 14. September 1793 wird sein erster Sohn Karl Friedrich Ludwig geboren.

Durch Goethes Beteiligung, von Schiller angeregt, an der Monatszeitschrift *Die Horen* entwickelt sich allmählich ein freundschaftliches Verhältnis zwischen den beiden. An den *Horen* beteiligen sich neben Goethe auch andere namhafte Persönlichkeiten wie Johann Gottfried Herder, Friedrich Hölderlin oder August Wilhelm Schlegel.

Im sogenannten »Balladenjahr« 1797 verfasst Schiller *Die Kraniche des Ibykus*, *Der Handschuh*, *Der Taucher* und *Der Ring des Polykrates*. Im Jahr darauf entsteht die Ballade *Die Bürgschaft*. Am 11. Oktober 1799 wird seine Tochter Caroline Henriette Luise geboren.

Im Dezember 1799 siedelt Schiller mit seiner Familie nach Weimar um, wo er am 16. November 1802 in den Adelsstand erhoben wird. Er vollendet in diesem Jahr auch den *Wallenstein* und *Das Lied von der Glocke*. Seine Dramen *Maria Stuart* und *Die Jungfrau von Orléans* waren bereits in den Jahren 1800 und 1801 entstanden. Schließlich vollendet er am 18. Februar 1804 den *Wilhelm Tell*, seine Arbeit am *Demetrius* kann er nicht mehr zu Ende bringen.

Seine Tochter Emilie Friederike Henriette wird am 25. Juli 1804 geboren, zu dieser Zeit verschlechtert sich der Gesundheitszustand Schillers immer mehr. Im Februar 1805 erkrankt er dann schwer. Am 1. Mai tritt er bei einem Theaterbesuch, bei dem er auch Goethe begegnet, zum letzten Mal öffentlich auf. Acht Tage später stirbt Friedrich von Schiller in Weimar an einer akuten Lungenentzündung. Er wird zunächst auf dem Jacobsfriedhof in Weimar beigesetzt. Seine vermeintlichen, im Jahr 1826 geborgenen Gebeine, die nach heutigen Erkenntnissen in Wirklichkeit zu mehreren Personen gehören, werden am 16. Dezember 1827 in die Fürstengruft auf dem Weimarer Friedhof überführt. Schillers Sarg steht heute leer in der Fürstengruft – neben dem Sarg Goethes, der auf eigenen Wunsch neben Schiller bestattet wird.

Andrea Weißenbach

Heinrich Heine

ten, verließ Harry 1814 die Schule ohne Zeugnis und bekannte in seinen autobiografischen Geständnissen 1854: »Es ist nichts aus mir geworden, nichts als ein Dichter.«

Er lernte zunächst den Beruf des Kaufmanns und studierte dann ab 1819 Jura an der Universität in Bonn, später in Göttingen und schließlich in Berlin. Dort bekam er Anschluss an die jüdischen Literaturzirkel und lernte Alexander von Humboldt, Georg Wilhelm Friedrich Hegel und Bettina von Arnim kennen.

Schon immer war er ein Rebell – gegen seine Mutter, deren größte Angst es war, dass aus ihrem Erstgeborenen ein Dichter werden könnte, gegen die antisemitischen Anfeindungen, denen er oftmals ausgesetzt war, und später in seinem politischen Engagement als kritischer Journalist und Dichter.

Im Jahr 1825 promovierte er in Göttingen zum Doktor der Rechte. Bei seiner protestantischen Taufe im selben Jahr, die er vor der Familie geheim zu halten suchte und die ihn nicht, wie erhofft, von dem ›Makel‹ seiner jüdischen Geburt befreite, nahm er den Namen an, unter dem er in die Literaturgeschichte eingehen sollte: Christian Johann Heinrich Heine.

Bereits 1821 waren erste Gedichte Heines erschienen, 1824 wurde in der Sammlung Dreiunddreißig Gedichte sein vermutlich populärstes Werk, *Die Loreley*, publiziert. Zwei Jahre später veröffentlichte Heinrich Heine mit der Harzreise seinen ersten Reisebericht.

Am 13. Dezember 1797 wurde Heinrich Heine in Düsseldorf als ältester Sohn des jüdischen Tuchhändlers Samson Heine und seiner Frau Peira, genannt Betty, geboren. Seine Eltern gaben ihm den Namen Harry, und so wurde er auch sein Leben lang in der Familie genannt. Zunächst besuchte Harry eine israelitische Privatschule und dann ab 1807 mit recht mittelmäßigem Erfolg das Düsseldorfer Lyzeum. Seine Brüder und er waren dort lange Zeit die einzigen jüdischen Schüler. Die Familie Heine war sehr darauf bedacht, sich in die Gesellschaft zu integrieren und sozial aufzusteigen. Während seine Geschwister glanzvolle Karrieren mach-

Seinen Ruhm als Dichter begründete vor allem der 1827 erschienene Lyrikband *Buch der Lieder* mit romantischen

Gedichten, die unter anderem später von Robert Schumann in seiner Dichterliebe vertont wurden. Stilistisch lassen sich diese Werke in die Zeit der Romantik und des Biedermeier einordnen, in den Gemälden, Zeichnungen und Aquarellen von Georg Friedrich Kersting, Ludwig Richter, Caspar David Friedrich, Philipp Otto Runge, Moritz von Schwind und anderen finden sie ihre Parallelen in der bildenden Kunst.

Nicht zuletzt unter dem Eindruck des Geistes der Französischen Revolution flossen bald ironische und politische Töne in Heines Gedichte ein. Wie sein malender Zeitgenosse Carl Spitzweg nahm er gern das Kleinbürgertum und menschliche Schwächen aufs Korn. Als er wegen seiner politischen Ansichten vor allem in Preußen immer stärker angefeindet und zensiert wurde, ging Heinrich Heine 1831 nach Paris ins Exil; wenige Jahre später wurden seine Werke in ganz Deutschland verboten.

Von Frankreich aus arbeitete er unter anderem als Korrespondent der Augsburger Allgemeinen Zeitung und setzte sich zunehmend kritisch mit dem deutschen Nationalismus auseinander. In seinem Gedicht *Nachtgedanken* formulierte er in den oftmals zitierten Worten die Sorge um die politischen Zustände in seiner Heimat: »Denk ich an Deutschland in der Nacht, / Dann bin ich um den Schlaf gebracht ...«

Nur zweimal kam Heine noch nach Deutschland zurück, doch Zeit seines Lebens sehnte er sich danach:

Ich hatte einst ein schönes Vaterland.
Der Eichenbaum
Wuchs dort so hoch, die Veilchen nickten sanft.
Es war ein Traum.

Das küsste mich auf deutsch, und sprach auf deutsch
(Man glaubt es kaum
Wie gut es klang) das Wort: »ich liebe dich!«
Es war ein Traum.

Mit der Zeit wurde Heines Ton zunehmend schärfer, immer deutlicher formulierte er seine Kritik. Enttäuscht von der politischen Entwicklung nach der zunächst von ihm befürworteten Revolution von 1848 und gesundheitlich schwer angeschlagen, quälte sich Heinrich Heine in seinen letzten Jahren auf seiner »Matratzengruft«. Vom Krankenlager aus diktierte er seinem Sekretär Verse und Schriften.

Am 17. Februar 1856 starb Heinrich Heine in Paris. Er wurde auf dem Friedhof Montmartre beerdigt.

Doris Kutschbach

rainer maria rilke

Frauen seiner Zeit und zugleich die große Liebe seines Lebens. Er folgt ihr nach Berlin und führt knapp vier Jahre eine Liebesbeziehung mit der verheirateten Frau, die zeitlebens seine Freundin und Beraterin bleiben wird.

Nach einem Frühwerk, dem Rilke später mit an Selbstverleugnung grenzender Distanz gegenüberstehen soll, entstehen ab 1898 die ersten Werke, auf denen sein populärer Ruhm als großer deutscher Lyriker beruht: die Gedichtzyklen *Das Buch der Bilder* (1902), das *Stunden-Buch* (1905), *Die Neuen Gedichte* (1907) und *Der neuen Gedichte anderer Teil* (1908) sowie die lyrische Prosaballadeske *Die Weise von Liebe und Tod des Cornet Christoph Rilke* (1904).

Auf einer gemeinsamen Reise mit Lou nach Italien lernt Rilke den Maler Heinrich Vogeler kennen, dem er im August 1900 in das niedersächsische Dorf Worpswede folgt, wo sich eine kleine Künstlergemeinschaft zusammengefunden hat. Rilke ist von der Synthese von Kunst und Leben, die sich hier vollzieht, tief beeindruckt. Hier trifft er auch die Bildhauerin Clara Westhoff, die er am 28. April 1901 heiratet. Sie beziehen ein Bauernhaus im Nachbarort Westerwede, im Dezember wird ihre Tochter Ruth geboren. Die Ehe zerbricht wenig später, doch ihr Kontakt wird nie ganz abreißen.

René Karl Wilhelm Johann Josef Maria Rilke wird am 4. Dezember 1875 in Prag geboren, mit einundzwanzig Jahren ändert er seinen Namen in Rainer. Schon früh steht für Rilke fest, dass er Dichter werden möchte. Nach Abbruch der Militärrealschule wegen »dauernder Kränklichkeit« besteht er das Abitur nach mehrjährigem Privatunterricht 1895 mit Auszeichnung.

Als er Philosophie in München studiert, begegnet ihm mit der vierzehn Jahre älteren Intellektuellen Lou Andreas-Salomé zweifellos eine der interessantesten

Die bildende Kunst erschließt sich Rilke in Worpswede so intensiv wie nie zuvor und beeinflusst sein eigenes Schaffen. Sein poetisches Werk begleitet alle entscheidenden Richtungen der modernen Malerei. Er wird bekannt als »Maler-Dichter« und seine 1903 erscheinende Monographie über die Worpsweder Künstler begründet seinen Ruf als Kunstkritiker.

Die Zeit des ständigen Aufenthaltes in Worpswede bzw. Westerwede endet im August 1902, Rilke und Clara gehen nach Paris. Paris – das bedeutet für den Schriftsteller eine neue Welt im Zeichen Rodins, über den er eine Monographie verfasst und dessen Sekretär er später werden soll. Seine Erfahrungen in der französischen Metropole verarbeitet Rilke in seinem einzigen Roman *Die Aufzeichnungen des Malte Laurids Brigge* (1910).

Rilke genießt das Glück, in einer letzten glanzvollen Zeit des kultiviert-aristokratischen Europas Anschluss an eine kunstliebende Elite zu finden. Er folgt den Einladungen adliger Gönnerinnen und Gönner auf die schönsten Schlösser und Landsitze Europas, welche die Gesellschaft des immer bekannter werdenden Dichters schätzen und die ihm posthum den Ruf als »eleganter Schnorrer« einbringen. Eines seiner Meisterwerke, die große Kosmologie der *Duineser Elegien*, in dessen Bann er zehn Jahre lang stehen wird, beginnt der Lyriker 1912 auf dem Schloss Duino der Fürstin Marie von Thurn und Taxis bei Triest.

Rainer Maria Rilke befindet sich gerade in München, als ihn der Kriegsausbruch überrascht. Der in Österreich-Ungarn geborene Dichter, der sich in Russland emotional und in Paris geistig heimisch fühlt, der in Italien, Spanien und Skandinavien gelebt hat, empfindet den Ersten Weltkrieg als großes Unglück. Zum

Landsturmdienst einberufen, können ihn seine einflussreichen Freunde schließlich vor dem Schlimmsten bewahren. Im Frühjahr 1919 gelingt Rilke durch eine Einladung zu einem Lesezirkel die Flucht in die Schweiz. In einem abgelegenen Schlossturm von Muzot im Wallis vollendet er innerhalb von drei Wochen – abgeschieden von der Außenwelt und in einer einzigartigen Phase höchster dichterischer Inspiration – seine Meisterwerke *Duineser Elegien* und die *Sonette an Orpheus*.

Ab 1923 folgen aus gesundheitlichen Gründen lange Aufenthalte in Sanatorien. Erst kurz vor seinem Tod wird eine seltene Form der Leukämie diagnostiziert. Rilke stirbt in den frühen Morgenstunden des 29. Dezember 1926 im Sanatorium Val-Mont bei Montreux. Die Beisetzung findet am 2. Januar 1927 bei eisiger Kälte auf dem Bergfriedhof von Raron statt.

Auf eigenen Wunsch trägt sein Grabstein folgende Inschrift:

Rose, oh reiner Widerspruch, Lust,
Niemandes Schlaf zu sein unter soviel
Lidern.

Christiane Weidemann

DIE BILDER IN DIESEM BUCH

Die Gedichte und Kunstwerke in diesem Buch sind bereits in den Einzelbänden *Johann Wolfgang von Goethe. Wie herrlich leuchtet mit die Natur ...*; *Friedrich von Schiller. Die Kunst, sie ist veredelte Natur*; *Heinrich Heine. Es flüstern und sprechen die Blumen* und *Rainer Maria Rilke. Meiner Sehnsucht schönster Traum ...* erschienen.

© Prestel Verlag, München · Berlin · London · New York, 2010, 2. Auflage 2012

© für die abgebildeten Werke von Jean Victor Delville, Fritz Mackensen, Otto Modersohn und Heinrich Vogeler bei VG Bild-Kunst, Bonn 2012; Helmuth Westhoff bei © Helmuth Westhoff/Rilke-Archiv

Abbildungsnachweis: akg-images, Berlin: Seiten 156, 158

Die Deutsche Nationalbibliothek verzeichnet diese Publikation in der Deutschen Nationalbibliografie; detaillierte bibliografische Daten sind im Internet über http://d-nb.de abrufbar.

Prestel Verlag, München
in der Verlagsgruppe Random House GmbH
Neumarkter Str. 28
81673 München
Tel. +49 (0)89 41 36-0
Fax +49 (0)89 41 36-23-35

www.prestel.de

Projektmanagement: Andrea Weißenbach
Herstellung: Selen Bulut
Art Direction: Cilly Klotz
Satz: EDV-Fotosatz Huber/Verlagsservice G. Pfeifer, Germering
Druck und Bindung: Firmengruppe Appl, aprinta druck, Wemding

Verlagsgruppe Random House FSC-DEU-0100
Das FSC-zertifizierte Papier *Opus Praximatt* für dieses Buch liefert Deutsche Papier, Deutschland

Printed in Germany

ISBN 978-3-7913-4446-1